나를 따르라

산상수훈 강해

최 석 지음

기독교문서선교회

기독교문서선교회(Christian Literature Center: 약칭 CLC)는 1941년 영국 콜체스터에서 켄 아담스에 의해 시작되었으며 국제 본부는 미국 필라델피아에 있습니다.

국제 CLC는 59개 나라에서 180개의 본부를 두고, 약 650여 명의 선교사들이 이동도서차량 40대를 이용하여 문서 보급에 힘쓰고 있으며 이메일 주문을 통해 130여 국으로 책을 공급하고 있습니다.

한국 CLC는 청교도적 복음주의 신학과 신앙서적을 출판하는 문서선교기관으로서, 한 영혼이라도 구원되길 소망하면서 주님이 오시는 그날까지 최선을 다할 것입니다.

the Exposition of the Sermon on the Mount: Follow me

Written by
Suk Peter Choi

Korean Edition
Copyright © 2018 by Christian Literature Center
Seoul, Korea

추천사 1

한 천 설 박사
총신대학교 신학대학원장 겸 부총장

본서는 성도의 참된 신앙생활을 위한 지침서로서, 디트리히 본회퍼의 저서『나를 따르라』(*Nachfolge*)의 제목을 부제로 담고있다. 최 석 박사는 하나님의 백성의 삶이 어떠해야 하는가를 가장 잘 보여 주는 가르침이 산상수훈(마 5-7장)이라고 강조한다. 예수님께서 친히 모세의 율법을 잘 설명해 주시며, 천국백성을 위한 새 계명으로 선포하신 것이 바로 산상수훈이라고 확신하기 때문이다. 이러한 확신으로 저자는 산상수훈을 심도 있게 주해하면서 명쾌하게 설명하고 있다.

본서는 총 11장으로 구성되었는데, 산상수훈이 인클루지오(Inclusio) 구조로 되어 있음을 전제로 내용을 구분한다. 특히 한 본문에는 하나의 메시지와 주제가 담겨 있다는 개혁주의의 견해를 견지하고 있으며, 각 장을 유기적인 관계로 이해할 뿐만 아니라, 주제별로 접근하고 있다. 또한 각 장은 친절한 주해와 다양한 예들로 구성되어 산상수훈의 귀한 가르침을 잘 전하고 있다.

더 나아가 저자는 각 장의 결론부에서 본문과 관련된 다양한 문제들을 제시함으로써 독자가 복음의 내용을 다시 한 번 깊이 이해하고, 또한 성도들이 서로 말씀을 풍성하게 나눌 수 있도록 돕고 있다.

그러나 무엇보다도 본서의 특별한 점은 저자의 개인적인 역량에 있을 것이다. 그는 총신대학교 신학대학원(M.Div.)에서 신학을 시작하여 미국의 리폼드신학교(Th.M.)를 거쳐 트리니티신학대학원에서 "Garden of Eden in Ezekiel 28"로 박사 학위(Ph.D.)를 취득했다. 또한 총신대학교 신학대학원과 관동대학교에서의 교수 경험은 본서의 내용이 독자들에게 보다 효과적으로 전해질 수 있게 하였다.

저자는 국내에서 보장된 길을 뒤로한 채, GMS(예장합동 총회세계선교회) 소속으로 복음의 오지(奧地)인 K국에 선교사로 나가 풍부한 현장 사역을 경험한 바 있다. 또한 해당 국가의 국립사범대학에서 한국어 교수로 재직하면서도 복음전파의 열정을 잃지 않고 있다. 저자의 이러한 풍성한 경험과 뜨거운 열정이 독자들의 마음에 공감을 일으키고 감동을 줄 수 있는 것 아닌가 생각한다.

오랜 기간 동안 총신대학교 신학대학원에서 신약학 교수로 섬기고 있는 추천인은 본서를 읽으며 저자의 분명한 메시지, 즉 예수님의 "나를 따르라"는 말씀을 분명하게 이해할 수 있었다. 진정으로 예수님을 따르고 닮아가기 원하는 모든 성도들에게 기쁜 마음으로 본서를 추천한다.

추천사 2

김지찬 박사
총신대학교 신학대학원 구약학 교수

　최 석 박사는 미국의 트리니티신학대학원에서 구약학으로 박사 학위를 받은 구약학자이면서도 이방 땅에서 직접 복음을 전하는 실천적 영성을 가진 선교사이다. 우리는 최 박사가 구약이나 선교학에 대한 글을 쓸 것으로 기대하였으나 우리의 예상과는 달리 신약의 핵심 주제인 산상수훈을 해석한 책을 출간하였다. 그런데 최 박사는 흥미롭고 놀랍게도 산상수훈을 신약학자 못지 않게 멋지게 해석해 냈다.

　산상수훈은 목회자나 설교자라면 누구나 한 번쯤은 설교해 보았을 본문이다. 보통은 산상수훈의 한 구절 한 구절을 해석해 내는 것으로 산상수훈의 의미를 다 이해하였다고 본 것이 사실이다. 그러나 저자는 나무보다는 전체 숲을 보면서 산상수훈의 의미를 잘 파헤쳐 냈다. 전체의 의미는 부분의 합의 의미보다 크다는 것이 최근 현대 해석학의 중요한 원리이다.

　다시 말해 성경 본문의 한 절 한 절의 의미를 해석해서 합쳐놓으면 그것이 바로 전체의 의미가 되는 것이 아니다. 전체는 부분의 합보다 크기 때문이다. 따라서 산상수훈의 전체 숲을 잘 알아야 부분을 잘 이해할 수 있는 것이다. 이것이 바로 성경이 성경을 해석한다는 교회의 오랜 성경해석학의 기본 원리인데, 저자의 산상수훈 해석은 이를 잘 보여 주는 좋은 샘플이라 할 수 있다.

특별히 이미 다 알고 있다고 생각할 수 있는 산상수훈의 의미를 학문적인 탄탄한 기초 위에서 해석해 냄으로 오늘 우리 현대 그리스도인들에게 생생한 의미로 다가오게 하고 있다. 따라서 산상수훈을 설교해야 하는 목회자나 성경을 사랑하는 일반 그리스도인들에게도 좋은 참고 자료가 된다. 게다가 산상수훈의 본문을 함께 살펴본 후에 함께 생각할 문제들을 질문함으로 성경공부의 교재로도 손색이 없게 만들었다.

최 석 박사는 학자의 머리와 목회자의 심장과 선교사의 눈으로 산상수훈의 말씀을 자신의 삶의 현장에 근거하여 실존적이며 경험적으로 해석해 냈기에 현학적이거나 추상적이지 않다. 그런 점에서 본서가 구약과 신약을 아우르는 성경신학과 실천신학이 선교 무대와 삶의 현장에서 어떻게 꽃을 피울 수 있는지를 잘 보여 주고 있기에 기쁨으로 추천하는 바이다.

추천사 3

조용성 선교사
예장합동 총회세계선교회(GMS) 총무

"선교 현장은 선교사의 희생보다 진리가 더 요구된다."

이 말은 폴 워셔 목사가 한 말이다. 지금은 변화하는 목회 현장과 선교 현장에서 본질(Essence)이 무엇인지 고민해야 한다. 폴 워셔는 "오늘날 교회의 큰 약점은 선교 전략(훈련) 자체가 성경이 아닌 세상 이론(Praxis)과 지식을 통한 방법론(Methods)을 선호하는 데 있다"고 지적했다. 그런 맥락에서 현장 선교사들을 주의 깊게 살펴보면 상당히 실용주의(Pragmatism)에 물들어 있는 것을 볼 수 있다. 복음학교, 치유세미나, G12, 뜨레스디아스, 아버지학교 등이 대표적 실용주의적 방법론이다. 이런 것에 물들어 있다.

선교사로 헌신한 사람이라면 이론이나 방법론보다 성경적 선교에 기초한 신학적 바탕이 탄탄하게 준비되어야 하지만 안타깝게도 실용주의에 빠져있다. 결국 교회도 실용주의에 물든 교회들은 전략에만 치중하다가 선교사를 철저히 검증도 하지 않은 채 선교사를 파송한다. 구원의 확신이 없는 선교사들을 선발해 선교지에 보낸다. 성경도 제대로 모르면서 선교사의 삶을 사는 것은 위험한 생각이다.

　결국 선교란 궁극적으로 진리(The Truth)를 전하는 사명이기에 성경과 복음을 정확히 알고 철저히 준비된 사람이 선교사로 가야 한다. 선교지는 선교사의 희생을 필요로 하는 게 아니라 바른 진리의 선포가 요구된다.

　그런 맥락에서 최 석 박사는 균형잡힌 선교사이다. 일찍이 목회자 자녀로서 신앙과 신학의 균형을 가지고 자랐다. 그는 공산주의 74년의 이데올로기가 무너진 실크로드 지역에서 선교사로 헌신하고 있다. 그간 선교 현장에서 씨름하며 강론한 귀한 말씀들을 하나님 나라 관점에서 바라 본『산상수훈 강해』로 펴냈다. 매 장을 넘길 때마다 현장에서 일어났던 은혜의 흔적들이 묻어있다. 성경 속에 갇혀진 말씀이 아니라 선교 현장에서 전파된 살아 있는 말씀이 묻어난다.

　본서를 통해 흘러나오는 귀한 말씀이 선교 현장과 한국 교회 강단에서 '진리'가 잘 흘러가는 통로로 사용되길 소망한다. '선교 현장은 선교사의 희생보다 진리가 더 요구된다'는 명제가 한국 교회와 선교 현장에 잘 전달되었으면 한다. 아울러 현장 선교사들과 한국 교회 목회자들과 성도들에게 본서를 힘 있게 권한다.

머리말

최 석 박사
K국 국립사범대학 한국어과 교수

본서는 필자가 사역하는 선교 현지의 전도사와 목사들의 설교를 돕기 위해서 쓰였다. 러시아어로 먼저 출간되어서 러시아와 중앙아시아 지역에 보급되고 있는 본서가 한국의 신학생들과 목회자들에게도 유익이 되기를 소망한다.

필자가 특별히 산상수훈(마 5-7장)을 택한 이유는 이 말씀이 하나님의 백성들의 삶이 어떠해야 하는가를 가장 잘 보여 주기 때문이다. 산상수훈은 주님께서 친히 모세의 율법을 잘 설명해 주셨을 뿐 아니라 천국백성을 위한 새 계명으로 선포하신 것이다. 필자는 감히 우리가 이 계명만 잘 이해하고 실천해도 주께서 우리에게 원하시는 거룩한 삶을 능히 살 수 있다고 믿는다. 본서에서 필자는 시종일관 우리는 하나님의 은혜와 성령의 능력으로 말미암아 주님의 명령에 순종할 수 있다고 썼다.

산상수훈을 택한 또 다른 이유는 성경을 해석하는 방법을 보여 주기 위해서였다. 필자는 본서에서 마태복음 5-7장이 어떻게 하나의 본문

(Text)이 될 수 있는지를 밝혔다. 종전의 산상수훈의 해석이 성경의 한 절 한 절, 한 단어 한 단어에 집중하였다면 여기에서는 나무의 잎사귀 하나에 집중하기보다는 나무와 나무가 어떻게 연관되어 숲을 이루는가에 주의를 기울이고자 했다. 다시 말해 단어와 단어가 어떻게 연결되어 절을 이루고 절과 절이 어떻게 연관되어 작은 본문을 이루고 그 작은 본문들이 어떻게 산상수훈이라는 큰 본문을 만드는지 설명했다.

그러면서도 산상수훈이라는 숲 아래 어떻게 작은 본문들이 통합될 수 있는가를 보여 준다. 필자는 본문(Text)은 하나의 의미만 갖는다는 종교개혁자들의 전통을 따랐다. 그래서 본문의 의미(주제)를 본문 앞에 제시했다. 또 본문의 끝에는 복습을 위한 문제들을 수록했다. 이 문제들을 성경공부의 자료로 이용할 수 있으리라고 기대한다.

본서를 위해 기꺼이 추천사를 써 주신 한천설 박사와 김지찬 박사 그리고 조용성 선교사께 감사드린다. 또한 교정해 준 동생 최은에게 감사하고 최종적으로 수정하고 편집해서 출판해 주신 기독교문서선교회(CLC) 박영호 목사를 비롯한 출판사 관계자들께 감사드린다.

언제나 든든하게 믿고 지지해 주시는 필자의 아버님 최기채 목사와 어머님 김길자 사모께 감사드리며 두 분께 본서를 바친다.

contents

추천사 1_ 한천설 박사(총신대학교 신학대학원장 겸 부총장) | 5
추천사 2_ 김지찬 박사(총신대학교 신학대학원 구약학 교수) | 7
추천사 3_ 조용성 선교사(예장합동 총회세계선교회[GMS] 총무) | 9
머리말 | 11

제1장 ▲ 산상수훈의 구조 / 16

제2장 ▲ 산상수훈의 배경(마 5:1-2) / 24

    1. 누가 산상수훈을 가르쳤는가? | 25
    2. 누가 산상수훈을 들었는가? | 30
    3. 천국의 의미는 무엇인가? | 33

제3장 ▲ 그리스도인의 성품 1(마 5:3-12) / 38

제4장 ▲ 그리스도인의 성품 2(마 5:3-12) / 54

제5장 ▲ 그리스도인의 역할과 율법의 완성(마 5:13-20) / 69

    1. 그리스도인의 역할(5:13-16) | 69
    2. 율법의 완성(5:17-20) | 75

contents

제6장 ▲ 천국백성의 법 1: 율법과 대조하여(마 5:21-48) / 87

1. 살인(5:21-26) | 88
2. 간음(5:27-32) | 93
3. 맹세(5:33-37) | 100
4. 보복(5:38-42) | 106
5. 원수(5:43-48) | 112

제7장 ▲ 천국백성의 법 2: 유대주의와 대조하여(마 6:1-18) / 118

1. 구제(6:1-4) | 118
2. 기도(6:5-8) | 124
3. 주기도문(6:9-15) | 128
4. 금식(6:16-18) | 150

제8장 ▲ 천국백성의 법 3: 물질주의와 대조하여(마 6:19-34) / 154

1. 물질에 대한 사랑과 하나님에 대한 헌신(6:19-24) | 154
2. 물질에 대한 염려와 하나님에 대한 신뢰(6:25-34) | 165

contents

제9장 ▲ 율법의 핵심(마 7:1-12) / 173

제10장 ▲ 천국백성의 삶을 촉구(마 7:13-27) / 185

       1. 두 종류의 문(7:13-14) | 186
       2. 두 종류의 나무(7:15-23) | 187
       3. 두 종류의 건축자(7:24-27) | 193

제11장 ▲ 예수님의 권위(마 7:28-29) / 197

제 1 장

산상수훈의 구조

산상수훈은 그 구조면에서 볼 때 주기도문이 핵심이며 하나님의 백성이 그 나라의 확장을 위하여 힘쓰며 하나님의 백성답게 살 것을 요구한다.

A 산상수훈의 배경(5:1)

  B 천국백성의 성품과 역할(5:2-16) - 천국백성에게는 축복

    C 율법의 완성(5:17-20)

      D 천국백성의 법(5:21-6:34)

        1) 율법과의 대조(5:21-48)

          살인(21-26절), 간음(27-32절), 맹세(33-37절),

          보복(38-42절), 원수(43-48절)

        2) 유대주의와의 대조(6:1-18)

          구제(1-4절), 기도(5-8절)

          주기도문(9-15절), 금식(16-18절)

        3) 물질주의와의 대조(6:19-34)

          물질에 대한 사랑과 하나님에 대한 헌신(19-24절)

물질에 대한 염려와 하나님에 대한 신뢰(25-34절)

    C´ 율법의 핵심(7:1-12)

        1) 이웃과의 관계(1-6절)

        2) 하나님과의 관계(7-12절)

B´ 천국백성의 삶을 촉구(7:13-27) - 천국백성이 못되면 저주

    1) 두 종류의 문(13-14절)

    2) 두 종류의 나무(15-23절)

    3) 두 종류의 건축자(24-27절)

A´ 산상수훈의 배경(7:28-29)

　구약학자의 시선으로 보건대, 산상수훈은 구약의 시에서 흔히 발견되는 교차대구형 구조(Chiastic Structure: X형 구조)로 되어 있다. 산상수훈의 구조에 관해 이런 분석을 내놓은 것은 아직 없는 것으로 알고 있다.

　먼저 산상수훈(마 5-7장)의 말씀을 둘러싸고 있는 주변의 말씀들을 살펴보자. 마태복음 4:23-24에서 마태는 갈릴리지방에서의 예수님의 초기 사역, 즉 복음전파와 가르침과 병 고침에 대하여 기록한다. 그 사역의 결과 25절에서 허다한 무리가 예수님을 따랐다고 했다. 그는 산상수훈의 말씀을 다 기록한 후에 7:1에서 다시 많은 사람들이 예수님을 따랐다는 사실을 반복하고, 2절 이하에서 예수님의 병 고침의 사역에 대해 기록한다.

　더구나 마태복음 4:25과 8:1에서 "수많은 무리가 따르니라(개역개정)"라는 구절이 똑같이 반복된다. 산상수훈은 이 두 구절 사이에 놓여

있다. 이러한 방식은 인클루지오(Inclusio)라는 히브리어 시에 자주 등장하는 문학기법 중 하나이다. 이것은 인클루지오 안에 있는 내용이 서로 분리할 수 없는 하나의 문학적인 단위라는 것을 의미한다. 그러므로 우리는 산상수훈이 그 자체로 하나의 책이며 본문이라고 이해해야 한다. 그래서 산상수훈의 한 절 한 절이 서로 독립된 내용이 아니라 서로 긴밀하게 연관되어 있고 그 전체가 하나로 수렴된 의미를 갖는다는 사실을 알아야 한다.

이제 앞에 제시한 산상수훈 자체의 구조에 대해 살펴보자. 산상수훈에서 A (5:1)와 A′ (7:28-29)는 또 다른 인클루지오이다. 여기에는 말씀을 가르치시는 예수님의 권위와 말씀을 들은 대상에 대해서 기록하고 있다. 5:1에는 많은 무리들 가운데 제자들이 그 말씀의 대상이었다. 그런데 7:28에서는 "무리들"도 이 말씀을 들었다는 사실을 분명하게 기록하고 있다. 마태는 이같이 기록함으로 이 산상수훈의 말씀은 특정한 제자들만이 실천해야 할 내용이 아니라 모든 이들이 듣고 순종해야 할 내용인 것을 보여 준다. 이미 구약에서 하나님께서 새 언약을 주실 때에 하나님의 백성들이 그의 말씀을 하나님의 은혜와 성령의 능력으로 능히 지킬 수 있다고 말씀하셨다(렘 31:31-34; 참고 딛 2:11-14).

그 다음으로 B (5:2-16)에서는 천국백성의 성품(2-12절)과 그 역할(13-16절)에 대해서 말한다. 원문에 의하면 마태는 이 말씀을 기록하면서 "복이 있는 자는"이라는 구절로 시작하였다. 따라서 이 부분의 말씀은 천국백성으로서의 삶을 살 때 받는 축복에 대해 주로 말한다. 마태는 또한 산상수훈을 마무리하면서 B′ (7:13-27)에서 천국백성의 삶을 살 것을 촉구한다. 이를 위하여 천국백성의 삶과 그렇지 않는 삶에 대하여 두 종류의 문(13-14절), 두 종류의 나무(15-23절), 그리고 두 종류의 건축자(24-27절)의 비유를 들었다. 이 부분은 사람들이 천국백성으로서의 삶을 살지 못할 때 받을 저주에 초점이 맞추어져 있다. 따라서 B와 B'는 각각 말씀을 지킬 때의 축복과 지키지 않을 때의 저주로 연관이 된다.

산상수훈의 말씀은 그 구조나 내용에 있어서 시편 1-2편 말씀과 밀접하게 관련되어 있다. 시편 1-2편은 시편 전체의 서론과도 같으며 성도들이 이 땅에서 어떻게 살아가야 할 것인가에 대해 보여 준다. 흔히 시편 1편은 지혜 시(Wisdom Psalm)[1] 2편은 제왕 시(Kingship Psalm)[2]라고 해서 장르가 다르다고 서로 분리해서 이해하는 경향이 있다.

그러나 필자는 시편 전체를 하나의 책으로 여기고, 시편의 한 편 한 편이 어떻게 연관되는가를 살펴보아야 한다고 믿는다. 시편 1편과 2편도 하나의 텍스트(본문)로 볼 수 있다. 시편 1:1에서 "복이 있는 자는 악인의 꾀를 따르지 아니하며 …"라고 시작하는데 시편 2편 마지막 12절은 "복이 있는 자는 그를[3] 의시하는 모든 자로다"(원문 직역)로 마친다.

여기에도 인클루지오라는 기법이 나타나 있다. 시편 1-2편은 산상수훈과 마찬가지로 성도들이 이 세상에서 참된 축복을 받는 비결을 제

---

[1] 지혜 시란 잠언과 같은 지혜서의 내용을 담고 있고 도덕적인 교훈을 담고 있는 시를 말한다.
[2] 제왕 시란 하나님의 다윗 왕조를 통한 통치에 대한 내용을 담고 있고 다윗 왕조의 새 왕이 등극할 때 사용되었다는 시이다. 이와 같이 시편의 문학의 양식(Form)과 그 시편이 사용된 사회적 종교적 형태 (Form)를 강조하는 해석방법을 양식비평(Form Criticism)이라고 한다. 이에 대한 필자의 견해를 간략하게 밝히자면, 시편 한 편을 하나의 장르로 규정할 수 없는 시편들이 많고 또 시편에서 그 시편이 사용된 삶의 정황을 발견할 수 있다는 것은 가설에 불과하므로 필자는 양식비평을 받아들이지 않는다.
[3] 한국어 성경에서는 "그"를 "여호와"로 기록했으나 시 2:12에 그 바로 앞에 나온 선행사는 여호와의 아들 즉 여호와의 기름 부음 받은 왕이기 때문에 "그"를 "메시아"로 보아야 한다. NIV, NKJ, NET 등 거의 모든 영어 성경들은 문자 그대로 "그를"이라고만 번역한다.

시하고 있다. 시편 1편에서는 율법의 말씀을 묵상하고 순종하는 자를 복되다고 했고 시편 2편에서는 메시아에게 피하고 의존하는 자를 복되다고 했다. 또 1장에서는 의인의 삶과 악인의 삶이 대조가 되어 있으며 그들의 종말에 대해서 기록하였다. 2장에서는 여호와의 통치와 이를 따르지 않는 이방의 나라들과 그들의 지도자들에게 하나님께서 정하신 메시아를 순종하며 의지하라고 조언을 하고 있다.

이렇듯이 시편 1, 2편은 시편 전체의 서론과도 같고 그 내용과 단어[4]나 문장이 반복된다는 점에서 하나의 텍스트(본문)로 이해해야 한다. 사실상 시편 1, 2편이 담고 있는 두 가지 주제인 율법에 대한 강조와 종말론적인 왕 즉 메시아에 대한 기대는 구약성경 전체를 가로지르는 주제의 두 산맥이기도 하다.[5] 마태는 산상수훈을 통하여 이스라엘이 기대해 왔던 그 메시아가 바로 예수라는 것을 주장하고, 또 율법의 참된 의미를 보여 줌으로 율법을 강조하는 구약의 전통을 계승하고 있다.

이제 C (5:17-21) 부분을 살펴보자. 여기에서도 아직 예수님의 율법에 관한 본론이 시작되지 않았다. C의 5:17에서 "내가 율법이나 선지자나 폐하러 온 줄로 생각지 말라 폐하러 온 것이 아니요 완전하게 하

---

4 예를 들어, 1:6 "(악인의) 길은 망하리로다"; 2:12 "(너희가) 망하리로다 길에서."
5 율법서(모세오경)의 마지막 부분에서는(신 34:9-12) 메시아에 대한 소망을 기록하며, 히브리어 성경의 전선지서(여호수아부터 열왕기상하)의 시작인 수 1장에서는 율법에 대해 강조하며, 후선지서(이사야부터 말라기)의 마지막 부분인 말 4:5-6 역시 종말론적인 선지자에 대한 소망으로 마친다. 율법서와 선지서 다음으로 성문서(시편부터 역대상하)의 시작인 시 1편은 율법에 대해 강조하며 히브리어 성경 마지막은 역대상하인데 대상 1-9장에는 아담부터 이스라엘 족보가 나온다. 마태는 그 뒤를 바로 이어 이 족보가 말하는 것은 다윗의 자손 예수에 있다고 선언한다. 정리하자면 히브리어 성경 율법서, 선지서, 성문서가 그 처음과 끝이 율법과 메시아에 대한 기대로 되어 있다. 이는 이 두 주제가 구약성경 전체에서 매우 중요하다는 것을 말한다. 이에 관해 자세한 내용은 존 H. 세일해머, 『모세오경신학』, 김윤희 역 (새물결플러스, 2013)을 참조하시오.

려 함이로다"라고 하였다. 그런데 C' (7:1-12)의 마지막 부분인 12절은 "그러므로 무엇이든지 남에게 대접을 받고자 하는 대로 너희도 남을 대접하라 이것이 율법이요 선지자니라"라는 말씀으로 마친다.

이것도 또 다른 인클루지오이다. 여기에서 율법과 선지자란 구약성경 전체를 말한다. 이제 기록할 예수님의 율법은 결코 구약과 단절된 새로운 말씀이 아니며, 구약의 말씀의 연장선에 있다는 뜻이다. 예수님은 이처럼 구약 말씀의 참된 의미를 가르쳐 주셨다. 예수님은 우리가 지키지 못하는 구약의 요구를 자신의 희생 제사를 통해 이루어 주셨다. 그래서 구약의 요구를 결코 약화시키지 않고 오히려 더 많은 요구를 우리가 지킬 수 있도록 은혜를 베푸셨다. 그러므로 율법을 완성하신 것이다. 또 "이것이 율법이요 선지자니라"는 말씀은 큰 범위에서는 이제까지 말씀했던 5:17-7:12 상반절까지가 구약 전체 말씀의 핵심이라는 것이다.

그런데 좁은 범위에서는 C' (7:1-12 상반절)를 율법의 핵심으로도 볼 수 있다. 여기에서는 우리의 이웃 간의 관계(7:1-6)와 하나님과의 관계(7-12절)에 대해서 말씀했다. 주님께서 말씀하신 율법의 핵심은 "남에게 대접을 받고자 하는 대로 너희도 남을 대접하라"는 것이다. 이는 우리가 하나님과 이웃에게 받고자 하는 대로 하나님과 이웃에게 주어야 한다는 것을 내포하고 있다. 다시 말해서 율법의 핵심은 하나님과 이웃에 대한 사랑에 있다.

산상수훈의 본론의 말씀 즉 예수님이 말씀하시는 천국백성의 법은 D (5:21-6:34)이다. 예수께서는 당신의 법을 율법과(5:21-48), 유대주의와 (6:1-18), 물질주의와(6:19-34) 대조해서 말씀했다.

첫째, "율법과의 대조" 부분을 살펴보자.

여기서는 율법 가운데 살인(21-26절), 간음(27-32절), 맹세(33-37절), 보복(38-42절), 원수(43-48절)와 같은 주제들을 다루고 있다. 그런데 예수님의 말씀을 자세히 살펴보면, 예수님께서 하나님 백성의 계명을 율법의 조항 자체와 대조한 것이 아니라 율법 조항에 대한 유대인들의 전통적인 해석이나 당시 사람들이 지켜온 관행을 포함해서 대조시키는 것을 볼 수 있다. 예수님은 율법의 조항들을 더 깊게 설명하셨으며, 당시 사람들의 관행보다 더 많은 것을 요구하셨다.

둘째, "유대주의와의 대조"를 살펴보자.

예수님 당시 유대인들이 가장 중요하게 여기는 3가지 덕목들이 있었다. 그것은 바로 "구제"와 "기도"와 "금식"이었다. 주님은 이 덕목들 자체에 대해 비판하시지 않았다. 우리들 역시 이런 것들을 행해야 한다. 주님은 다만 우리가 이런 것들을 행할 때 어떻게 행해야 할 것인가 하는 그 방법을 가르쳐 주신 것이다.[6]

그런데 구조면에서 아주 특이한 사실이 있다. 저자가 제시하는 구조를 보면 이 "유대주의와의 대조"(6:1-18)가 산상수훈의 가장 중심에 위치하고 있는 것을 볼 수 있다. 그것도 구제, 기도, 금식 중에 기도가 그 중심에 있다. 그런데 구조적인 면에서만 살펴보면 "주기도문의 내용"(6:9-15)이 없어야만, 구제에 관해서 4구절(1-4절), 기도에 관해서 4구절(5-8절), 금식에 관해서 3구절(16-18절)이 배당되어 대략 균형이 맞다.

---

[6] 예를 들어, "구제할 때에(6:1), 기도할 때에(6:6), 그리고 금식할 때에(6:16)"라는 구절들은 우리가 구제하고 기도하고 금식하는 것을 전제로 하고 있다. 예수님은 우리가 이런 일들을 할 때 어떻게 행할 것인지를 가르쳐 주신다.

그런데 마태는 특이하게 기도에 더 많은 분량을 배당하였고 주기도문을 기도 부분에 첨가해 놓았다. 이것은 산상수훈 중에서 기도가, 더 구체적으로는 주기도문이 가장 중요하다는 것을 보여 준다. 주기도문은 단지 하나의 기도 방법이 아니라 하나님의 백성이 하나님과 우리의 이웃과 어떤 관계를 맺고 어떻게 살아가야 하는가를 보여 준다. 산상수훈의 구조를 살펴볼 때 주기도문은 산상수훈의 꽃 중의 꽃이다. 우리가 날마다 주기도문으로 기도하고 그대로만 살아간다면 산상수훈과 주의 모든 계명을 삶으로 실천할 수 있다.

셋째, "**물질주의와의 대조**"(6:19-34) **부분을 살펴보자**.

예수님은 우선 물질에 대한 사랑과 하나님에 대한 헌신을 대조하여 말씀하셨다(19-24절). 이 부분은 마음속에 둔 두 종류의 보물(19-21절), 두 종류의 눈(22-23절), 그리고 두 종류의 주인(24절)의 예를 들어 돈을 사랑하지 말고 주님만을 사랑할 것을 촉구한다. 돈과 하나님을 동시에 사랑하는 것은 이스라엘 백성이 바알과 하나님을 동시에 섬겼던 것과 같다. 하나님이 가장 싫어하시는 것은 이와 같은 혼합주의 신앙이다. 다음으로 물질에 대한 염려와 하나님에 대한 신뢰(25-34절)를 대조하여, 물질에 대해 염려하기 보다는 하나님을 믿고 하나님의 나라와 의를 추구할 것을 격려한다.

결론적으로 산상수훈의 말씀은 하나님의 백성이 하나님의 나라의 확장을 위하여 하나님의 백성답게, 의롭게 살 것을 요구한다. 우리가 그렇게 살 때 하나님의 풍성한 축복을 누리며 그렇지 못할 때 영벌을 받을 것이다.

제2장

산상수훈의 배경(마 5:1-2)

> 예수께서 모세와 율법보다 더 큰 권위를 지닌 심판의 주로서 산상수훈을 가르치셨기 때문에 하나님의 백성은 누구나 이 말씀을 듣고 행해야만 한다.

　산상수훈은 천국백성의 삶에 관한 말씀이다. 하나님의 백성이라면 누구나 이 말씀을 따라야만 한다. 따라서 이름뿐인 그리스도인이 아니라 참 그리스도인이라면 이 말씀에 주의하고 반드시 실천해야 한다. 이 산상수훈의 내용을 구체적으로 다루기 전에 다음과 같이 차례로 살펴보고자 한다.

　1. 누가 산상수훈을 가르쳤는가?(선포자)
　2. 누가 이 말씀을 들었는가?(청중)
　3. 천국은 무엇을 의미하는가?(선포의 내용)

1. 누가 산상수훈을 가르쳤는가?

우리는 예수님이 산상수훈을 가르치셨다는 것을 알고 있다. 하지만 이 질문을 통해서 말하려는 것은 산상수훈을 선포하신 예수님이 과연 어떤 분이신가 하는 점이다. 본문의 말씀은 예수님이 공생애의 초기 사역 가운데 가르치셨던 내용이다. 마태복음 4:23-25에 보면 예수님은 회당에서 가르치시고, 천국복음을 전파하시고, 각종 병든 자들을 치유하셨다. 그러자 수많은 무리가 예수님을 따르게 되었다.

그런데 예수님은 무리를 잠시 뒤로하고 산에 오르셨다. 이때에 무리들 가운데 제자들이 예수님을 따라오자, 예수님은 산상수훈을 전하기 시작하셨다. 그리고 이를 마친 후에는 또 다시 수많은 무리가 예수님을 따르고, 예수님은 병자들을 계속해서 치료하셨다(마 8:1-4).

먼저 마태는 예수님이 모세보다 위대하신 분이시라는 사실을 보여준다. 마태복음 5:1에 보면, "예수께서 무리를 보시고 산에 올라가 앉으시니"라고 시작한다. 여기에 "산"으로 되어있는 단어는 '산'이나 '언덕' 모두에 사용될 수 있다. 이스라엘에 가보면, 실제로 산상수훈이 선포된 장소는 산이라기보다는 '언덕'이다. 보는 관점에 따라서 평지로 볼 수도 있는 장소이다(참고 눅 6:17-20). 그런데 마태가 굳이 이 단어를 사용한 것은 모세가 시내 산에서 율법을 이스라엘 백성들에게 전달한 것과 예수님이 산에서 새 계명을 제자들에게 주신 것을 연관시키기 위한 것이다. 모세는 율법을 백성들에게 전달하여 이스라엘이라는 나라를 탄생시켰다. 마찬가지로 예수님은 산상수훈을 선포하셔서 영적인 이스라엘 나라 즉 하나님의 나라를 이 땅에 임하게 하셨다.

당시 유대인들은 율법을 행함으로써 의롭게 되는 것으로 여겼기에 율법을 전달한 모세는 하나님 다음으로 절대적이었다. 하지만 구약성경에는 하나님께서 모세와 동일한 선지자를 하나님께서 보내주시겠다고 약속하셨다. 신명기 18:15은 다음과 같이 말씀하신다.

> 네 하나님 여호와께서 너희 가운데 네 형제 중에서 너를 위하여 나와 같은 선지자 하나를 일으키시리니 너희는 그의 말을 들을지니라(신 18:15).

신명기의 마지막 부분을 살펴보면(시 34:10), 비록 여호수아가 모세를 계승한 선지자가 되었지만 그는 약속한 모세와 동일한 선지자는 아니었다. 따라서 이스라엘 백성들은 이 모세와 동일한 선지자가 언젠가 이스라엘에 나타날 것을 간절히 기대해 왔다. 예수님 당시 이스라엘은 로마의 속국으로 있었기 때문에, 이집트의 속박에서 구원한 모세처럼 민족을 로마에서 구원할 그 선지자가 나타나기를 간절히 바라고 있었다. 비록 예수님은 그런 정치적인 선지자는 아니었지만 그는 바로 모세와 방불한 그 선지자, 아니 모세보다 더 위대한 그 선지자였다. 마태는 이를 산상수훈을 통하여 보여 주고 있다.

사실 모세는 백성들에게 율법을 준 것이 아니라 전달해 준 인물이었다.

> 그 때에 너희가 불을 두려워하여 산에 오르지 못하므로 내가 여호와와 너희 중간에 서서 여호와의 말씀을 너희에게 전하였노라(신 5:5).

모세는 하나님의 말씀을 들어야 할 첫 번째 사람으로 서서 율법을 받았다. 그러나 예수님은 앉아서 말씀을 전하셨다. 누가복음 4:20에 보면 앉아서 가르치는 것은 당시에 회당에서 말씀을 가르치는 자의 일반적인 자세이다. 말씀을 가르치는 자는 앉아서 가르치고 듣는 자는 그 말씀의 권위 앞에서 서서 듣는다.

그런데 마태복음 23:2에서 예수님은 비유적으로 "서기관들과 바리새인들이 모세의 자리에 앉았으니"라고 말씀하셨다. 이 말씀은 이들이 모세의 권위를 대신하고 있는 것을 지적한 것이다. 모세는 자신이 먼저 율법의 말씀을 듣고 순종해야 할 자이기 때문에 여호와로부터 율법을 서서 받았다. 그리고 그것을 백성들에게 전달했다. 그런데 예수님은 자신의 권위로 앉아서 제자들에게 산상수훈을 가르치셨다.

예수님은 이와 같이 이스라엘이 기대해오던 모세와 같은 그 선지자일 뿐 아니라 모세보다 위대한 선지자이다. 그런데 다음 구절들에서 예수님은 또한 율법보다 더 권위 있는 분으로 묘사되어 있다. 마태복음 5:21-22에서 예수님은 다음과 같이 말씀하셨다.

> 옛 사람에게 말한 바 살인하지 말라 누구든지 살인하면 심판을 받게 되리라 하였다는 것을 너희가 들었으나 나는 너희에게 이르노니 형제에게 노하는 자마다 심판을 받게 되고 … (마 5:21-22; 참고 신 5:17; 19:11-13).

또한 5:27-8에서 이렇게 말씀하셨다.

> 또 간음하지 말라 하였다는 것을 너희가 들었으나 나는 너희에게 이

르노니 음욕을 품고 여자를 보는 자마다 마음에 이미 간음하였느니라
(마 5:27-28; 참고 신 5:18).

"살인하지 말라," "간음하지 말라"는 말씀들은 모두 율법에 들어있다. 그러므로 주님은 율법보다 더한 권위로 말씀하신 것이다. 예수님이 율법보다 더한 권위로 말씀하셨다면 그것은 율법을 주신 여호와와 동일한 권위로 말씀하신 것이다.

다음으로 예수님은 심판주가 되신다. 다시 한 번 우리가 기억해야 할 것은 이 당시가 예수님의 공생애 초기라는 점이다. 그 누구도 오늘날처럼 많은 사람들이 예수님을 주로 따를 것을 예상하지 못했다. 그런데도 예수님은 많은 사람들이 자신을 주로 따를 것을 알고 계셨다. 그래서 마태복음 7:21에서 말씀하셨다.

> 나더러 주여 주여 하는 자마다 다 천국에 들어갈 것이 아니요 다만 하늘에 계신 내 아버지의 뜻대로 행하는 자라야 들어가리라(마 7:21).

또한 마태복음 7:23에서도 말씀하셨다.

> 그때에 내가 그들에게 밝히 말하되 내가 너희를 도무지 알지 못하니 불법을 행하는 자들아 내게서 떠나가라 하리라(마 7:23).

이 말씀들에서 예수님은 심판주요, 그의 심판은 그의 말씀에 순종하는지의 여부에 달려있다는 것을 알 수 있다.

마지막으로 예수님은 당시의 서기관보다 위대하셨다. 당시 서기관들은 오늘날의 신학자들이다. 이때에 바리새인들과 사두개인들의 두 종파가 있었는데, 서기관들은 바리새파에 속한 사람도 있었고 사두개파에 속한 사람도 있었다. 이 말씀을 들은 무리는 그의 교훈에 놀랐고 그의 말씀이 자신들의 스승인 서기관들보다 더욱 권세 있다는 사실을 깨달았다.

이 당시에 서기관들은 자신의 권위로 말하기보다는 모세나 랍비들의 전통에 의존하여 자신의 견해를 피력했다. 그러나 예수님은 자신의 권위로 말씀하셨을 뿐만 아니라 그 말씀 자체에 권세가 있었다.

오늘날 많은 사람들이 예수님을 4대 성인의 한 명으로 보거나, 인류의 위대한 도덕적인 스승이라고 생각한다. 그리스도인들 가운데도 예수님을 제대로 알지 못하는 사람이 많다. 예수님은 모세와 같은 위대한 선지자 중 하나가 아니라 구약에서 예언한 바로 그 선지자, 곧 메시아이다. 예수님은 자신이 하나님의 아들이라고 주장해서 그것 때문에 죽임을 당하셨다. 하나님의 아들이라는 것은 하나님 자신이라는 말이다. 그러므로 우리에게는 두 가지 선택지만 있을 뿐이다. 그의 주장대로 예수님이 하나님이라고 인정하거나, 미친 자나 사기꾼이라고 말해야 마땅하다.

그런데 이렇게 논리적으로 산상수훈을 가르친 분이 미치셨는가? 아니면 그는 거짓을 만들어 놓고 그 거짓말 때문에 죽어간, 그렇게도 모자란 사기꾼인가?

지난 이천 년 동안 그를 믿어 왔던 수십, 수백억의 사람들은 모두 바보들이라서 그의 사기행각에 걸려들었단 말인가?

그것이 아니라면, 우리는 예수님을 나의 주 나의 하나님으로 고백해야 한다.

예수님이 정말 우리의 하나님이라면 우리의 삶이 지금과 같아서야 되겠는가?

2. 누가 산상수훈을 들었는가?

여기에서 제자들이 일차적으로 예수님의 말씀을 들었다고 말한다. 하지만 이들은 예수님의 12제자들이 아니다. 이들은 무리와는 구별되어 적어도 주님을 따르려고 하고 주님의 말씀을 깨닫기를 원하는 사람들이다. 마태는 예수님이 12제자를 선택하는 장면을 산상수훈 이후인 마태복음 10장에서 기록했다. 따라서 그는 이 말씀이 예수님의 12제자들만을 대상으로 하지 않는다는 것을 보여 준다. 그런데 마태복음 7:28의 산상수훈의 마지막에 "예수께서 이 말씀을 마치시매 무리들이 그 가르치심에 놀라니"라고 말하고 있다. 무리들 역시 이 말씀을 들었다. 따라서 무리들도 이 산상수훈을 지켜야 할 의무에서 제외되지 않는다.

그런데 예수님에게 있어서 사람들은 무리나 제자들, 이렇게 두 종류 밖에 존재하지 않는다. 많은 무리가 예수님을 따랐다. 하지만 그들은 예수님을 기적을 행하는 자로 생각했으며, 병고치고, 귀신을 쫓아내고, 양식을 주는 기적이 그들에게 유익했기 때문에 예수님을 따랐다. 무리 중에 좀 더 고상한 목표를 가지고 예수님을 따랐던 사람들은, 예수님을 자신들의 지도자로 내세워 이스라엘 나라를 로마로부터 해방시키려고 하였다. 그들은 예수님이 누구인지, 예수님의 말씀이 무엇을 의미하는지에 관해서는 관심이 없었다. 예수님은 그들이 말씀을 들을 만한 자세가 되어있지 않기 때문에, 그들에게 비유로만 말씀하셨다.

그런데 예수님이 비유로 말씀하실 때 제자들도 그 비유의 의미를 이해하지 못하기는 마찬가지였다. 그러나 적어도 이들은 예수님의 말씀을 알고자 했기에 예수님이 홀로 계실 때에 찾아와 비유의 의미에 대해서 묻는다. 예수님은 마태복음 13:11에서 이 제자들에게 "천국의 비밀을 아는 것이 너희에게는 허락되었으나 저희에게는 아니 되었으니"라고 말씀하셔서 무리와 제자들을 분명하게 구별하셨다. 씨 뿌리는 비유에서 예수님은 길가, 돌밭, 가시밭, 그리고 좋은 땅과 같이 네 종류의 마음밭에 대하여 말씀하신다.

그런데 여기에 네 종류의 밭에 대하여 말씀하였지만, 사실은 두 종류의 밭이 있다. 하나는 열매를 맺는 밭이고, 다른 하나는 열매를 맺지 못하는 밭이다. 바로 열매를 맺는 마음의 밭만이 예수님의 제자이고 하나님 나라의 일원이다. 예수님은 이와 같이 제자들과 무리를 구별하셨다. 그리고 제자들 가운데에도 구별하여 소수에게 공생애의 삶을 집중하셨다.

누가복음 10:1-16에 보면, 예수님은 칠십 인을 세우시고 이들에게 귀신을 쫓아내는 권세를 주시며 주님께서 가실 곳에 미리 파송하셨다. 이전에 예수님은 12제자를 세우셨는데, 이들은 이스라엘 12지파를 따라 하나님 나라 즉 영적인 이스라엘 나라의 상징적인 대표로서 세우심을 입은 것이다. 많은 이들이 아포스톨로스(*Apostolos*, 보냄을 받은 자)라는 '사도'의 어원에서 유추하여 '부활의 증인으로 보냄을 받은 자'의 역할을 강조한다.

그런데 이것보다는 하나님 나라의 '대표성'이 더 중요하다. 그러기에 베드로는 가룟 유다가 죽은 후에 곧바로 맛디아를 11사도의 수에 가입시켰다(행 1:26). 12사도 외에 바울과 바나바도 '부활의 증인'이라는 점에서 사도라고 불린다. 12제자들의 역할은 예수님의 곁에 있어서 예수님의 본을 받고 예수님의 승천 이후에 예수님의 말씀과 행적에 관한 증인이 될 수 있게 하려는 것이다. 다른 하나는 하나님 나라를 전파하며 악령을 쫓아내고 병자를 고침으로 그 나라가 임하였다는 사실을 증명하려는 것이다(막 3:13-15).

예수님은 12제자들 중에서 세 제자 베드로, 야고보, 요한을 따로 구별하셔서 예수님이 하나님 되심을 기적을 통해 보여 주셨다. 이 기적들 중에는 변화 산에서 모세와 엘리야를 만난 사건이나 죽은 자를 살린 일이 포함된다. 예수님이 이처럼 소수에게 자신의 삶을 집중하신 것은 예수님의 지상에서의 사역 기간이 짧았기 때문이다. 예수님이 무리를 위한 사역만을 계속하시고 지도자들을 양성하지 않았더라면, 예수님이 계시지 않게 되었을 때 교회는 계속해서 성장하지 못했을 것이다.

사도 바울 역시 주님의 방법을 따라 디모데나 디도와 같은 훌륭한 제자를 길러냈다. 바울은 대중들에게 복음을 전했고 여러 교회들을 순회하며 가르쳤지만 디모데나 디도는 사랑으로 돌보았다. 그리고 디모데에게도 자신과 같이 특별히 "충성된 사람들"에게 생명의 말씀을 부탁하라고 당부했다(딤후 2:1-2). 그 충성된 사람들이 또 다른 제자를 길러내도록 하기 위한 것이었다. 그렇게 제자가 제자들을 낳았고, 그 제자들을 통하여 복음이 오늘날에까지 이르렀다.

필자가 사역하는 곳과 같이 선교가 자유롭지 못한 지역에서 제자 삼는 사역은 선교의 유일한 방법으로 보인다. 그런데 이 곳뿐만 아니라 세계의 모든 지역에서 교회의 지도자들이 대중에게보다는 충성된 소수에게 삶을 집중하기를 소망한다. 이것이 다음 세대에 복음을 전할 수 있는 가장 효과적인 방법이기 때문이다.

이제까지 산상수훈의 말씀을 들어야 하는 대상은 모든 사람들이며 이 말씀에 순종하는 자들이 예수님의 제자이며 참 그리스도인이라는 점을 살펴보았다.

나는 과연 제자인가 아니면 무리 중의 하나인가?

다시 말해서 예수님을 따라 가르침을 받는 자인가, 아니면 무리 가운데 숨어 있어 나의 책임을 회피하는 자인가?

나는 하나님 나라의 백성인가 아니면 사탄 나라의 백성인가?

나는 예수님을 섬기기 위해서 교회에 다니는가, 아니면 내가 건강하고 돈 벌고 복 받기 위해서 다니는가?

이 둘 사이에 중립지대란 없다.

3. 천국의 의미는 무엇인가?

예수님은 산상수훈에서 천국백성의 삶에 대하여 말씀하셨다. 따라서 예수님이 말씀하시는 천국이 무엇을 의미하는지 살펴보아야 이 말씀을 바로 이해할 수 있다. 많은 사람들이 천국을 죽어서만 가는 곳으로 이해한다. 그런데 천국은 예수님이 이 지상에 임하실 때부터 이미 이 땅에 임하였다. 그러나 아직은 완성되지는 않았으며 예수님의 재림으로 완성될 것이다.

구약성경에서는 이미 종말에 여호와께서 친히 그 백성들에게 임하실 것을 예언했다. 말라기 4:4-6에서 종말에 여호와께서 임하시기 전에 엘리야 선지자를 보내신다고 예언했다. 예수님은 이 엘리야가 세례 요한이라고 하셨다(마 11:14). 따라서 종말은 예수 그리스도께서 이 땅에 오실 때부터 시작되었다. 이 종말이란 천국이 이 땅에서 시작됐다는 말이고 천국은 쉽게 말하면, 하나님의 통치가 임하는 영역이다.

예수님이 처음으로 선언한 말씀은 "회개하라 천국이 가까웠느니라"(마 4:23)라는 것이다. 이 말씀은 세례 요한이 전한 내용과 동일하다(마 3:1-2). 하지만, 세례 요한은 이제 곧 임할 예수 그리스도를 바라보고 천국을 전파하였지만, 예수님은 이미 천국 안에 들어와서 그의 백성들을 모으고 있는 것이다. 예수님이 악령들을[1] 쫓아낼 때 바리새인들은 악령의 왕 사탄을 힘입어 쫓아낸다고 비난하였다. 이때 예수님은 만일 자신이 하나님의 성령을 힘입어 악령을 쫓아내고 있다면, 하나님의 나라가 이미 그들이 보는 가운데 임하였다고 말씀하셨다(마 12:28).

복음서에서 악령을 쫓아내는 사건이 많이 나타난 것은 그것이 하나님 나라와 사탄 나라의 직접적인 충돌을 보여 주기 때문이다. 천국은 악의 세력이 물러가며 질병과 죽음과 고통이 없는 곳이다. 예수님은 그의 말씀과 사역을 통해서 그런 천국의 모습을 그대로 보여 주셨다. 교회는 이 천국을

---

1 우리말의 "귀신"이라는 단어는 "죽은 자의 사후 영"이라는 오해를 가져오기에 필자는 "성령"과 반대이고 "사탄의 졸개"라는 개념으로 "악령"이라고 기록하였다.

가시적으로 보여 준다. 교회는 하나님의 백성들의 모임이며, 그들이 모여 하나님을 찬양하고 그의 말씀을 듣고 친밀한 교제를 나눈다.

그런데 교회 내에는 하나님의 백성도 있고 그 백성이 아닌 사람들도 있을 수 있다. 따라서 보이지는 않지만, 하나님의 참된 백성들만의 유기적인 연합이 바로 천국인 것이다. 그러므로 우리는 이미 이 땅에 임한 천국과 아직 완성되지 않은 천국 사이에 놓여 있는 것이다. 이것은 우리의 구원과도 유사하다. 우리가 믿는 순간 하나님의 백성이 되며 구원을 받았다. 그러나 그 구원은 아직 완성된 것이 아니다(빌 2:12; 3:12). 이 구원은 우리가 죽어 하늘나라에 들어가도 완성이 안 된다. 구원은 오직 그리스도가 재림하셔서 우리가 변화되고 그리스도로 옷을 입을 때야 비로소 완성된다(고전 15:52, 53).

구원이 우리 개인에게 제공하는 두 가지 상급은 생명(영생)과 의이다. 우리가 예수님을 영접하는 순간 예수님 안에 있는 생명과 의를 우리가 소유하게 된다. 하지만 하나님 나라가 이미 임했으나 아직 완성되지 않은 것처럼 생명과 의 역시 아직 완성되지 않았다. 우리가 이 땅에 있을 때 하나님의 나라에서 벗어나 세상을 향하여 가지 않으려고 노력하는 것처럼 우리의 생명을 자라게 하며 의로움을 완성하도록 힘써야 한다.

그런데 천국은 공간적이며 영역적이지만 영생은 개인적이고 시간적이며, 의는 역시 개인적이고 도덕적이다. 그래서 내 마음에 영생은 있다고 말해도 내 마음에 천국이 있다고 하는 것은 바른 표현이 아니다.[2]

---

[2] 만일 천국이 내 마음 속에 있다고 말한다면 내 마음이 천국과 같이 평안하다는 비유적인 표현이다.

천국이 내 맘에 들어오는 것이 아니라 내가 천국에 들어가야 한다. 천국이 이 땅에 임하였기에 우리는 하나님의 통치 영역을 교회 내로 국한시키지 않아야 한다. 우리는 하나님의 다스림이 전 세계의 정치, 경제, 사회, 문화, 스포츠, 과학 등의 모든 영역에 임하도록 힘써야 한다. 천국이 이 땅에 임하였기에 우리는 세상의 원리와 방법을 따라 생활하지 않아야 한다. 오히려 세상을 거슬러야 하며, 세상이 우리의 원리와 방법을 따르게 해야 한다. 천국백성은 이처럼 세상에 대항하기에 세상으로부터 핍박을 받을 수밖에 없다.

그런데 오늘날 그리스도인들은 세상과 너무나 타협하기에 고난과 핍박을 잃어버렸다. 그 결과 우리는 세상을 변화시키는 능력도 잃어버렸다. 인도의 간디가 그리스도인들의 인종차별에 실망하여 그리스도인이 되지는 않았지만, 산상수훈의 무저항의 원리를 따라 인도를 영국에서 독립으로 이끈 것은 잘 알려져 있다.

단지 무저항으로 대응하는 것이 아니라 우리가 적극적으로 이 말씀대로 살아간다면 세상에 얼마나 큰 변화를 가져다주겠는가?

산상수훈의 말씀은 그리스도인이라면 반드시 따라야 할 주님의 가르침의 진수이다.

생각하기

1. 본문에서 산상수훈을 선포하신 예수님은 어떤 분이라고 했는가?
   4가지 사실을 언급했는데 이것들을 기록해 보라.

2. 예수님이 산상수훈의 말씀을 당시에 들었던 청중들은 누구였는가?
   왜 이 사실이 우리에게 중요한가?

3. 예수님이 제자를 부르신 목적이 무엇인가?(참고 막 3:13-15)
   예수님은 왜 대중에 대한 사역보다도 제자들을 세우는 데 삶을 집중하셨는가?

4. 본문에서 천국은 어떤 곳이라고 했는가?
   천국이 이 땅에 이미 임했다는 사실이 우리에게 왜 중요한가?

5. 나는 지금 제자인가?
   아니면 무리 중 한 명인가?
   내가 제자가 되기 위해서 지금부터 해야 할 일이 있다면 무엇인가?

제3장

그리스도인의 성품 1(마 5:3-12)

> 그리스도인은 의롭지 못해 심히 슬퍼하다가, 하나님의 은혜로 의롭게 된 후에는 다른 사람에게 자신의 권리를 주장하지 않으며 계속 의롭게 되도록 노력한다.

예수님은 산상수훈을 통하여 천국백성의 삶에 대하여 가르쳐 주었다. 그리스도인들이라면 누구나 천국백성이 되어야 하기 때문에 이 산상수훈의 말씀대로 살아가야만 한다. 이제 팔복의 내용을 통하여 그리스도인들의 성품이 어때야 하는지 살펴보려고 한다. 예수님은 천국백성의 계명들을 말씀하기 전에 복에 대하여 말씀하셨다. 이렇게 하신 것은 우리가 산상수훈의 말씀대로 살 때 이 세상에서 참 복을 얻을 수 있기 때문이다.

이 산상수훈의 말씀은 시편 1-2편의 말씀과 깊은 연관이 있다. 시편 1-2편은 시편 전체의 서론과도 같다. 시편은 전부 5권으로 이루어졌는데 이것은 모세의 오경을 따라 5권으로 나누어진 것이다. 그리고 그 제일 첫 번째 시에서 복이 있는 자는 율법을 묵상하는 자라고 규정했다. 시편 2편의 마지막 12절에서는 "그 아들에게 입 맞추라 그렇지 아니하면 진노하심으로 너희가 길에서 망하리니 그 진노가 급하심이라 여호와를(히브리어에서는 "그를"[즉, 메시아를]) 의지하는 자는 다 복이 있도다"라고 한다. 따라서 시편 2편에서는 여호와가 세우신 메시아를 의지하고 순종하는 자가 복되다는 것이다.

뿐만 아니라 시편 1편에서는 의인의 삶과 악인의 삶이라는 두 종류의 삶과 그 결과에 대해서 말한다. 시편 2편에서는 두 종류의 나라, 즉 여호와를 대적하는 열방과 메시아의 나라에 대해서 언급한다. 마찬가지로 산상수훈의 마지막 마태복음 7:13-27에서 두 종류의 문과 두 종류의 나무와 두 종류의 건축자의 비유를 들어 주의 말씀을 따를 때 복을 얻고 그렇지 못하면 화가 있을 것을 경고한다.

이제 팔복을 통해서 우리의 성품이 어떻게 해야 하는지 살펴보자.

첫째, 마태복음에 의하면 "심령이 가난한 자는 복이 있나니"라고 기록한다.
그러나 누가복음 6:20 이하에는 "가난한 자는 복이 있나니 … 주린 자는 복이 있나니 … 우는 자는 복이 있나니"라고 되어 있다. 사실상 예수님은 사람들에게 비유로 말씀하시는 것을 좋아하셨기 때문에, 이렇게만 말씀하셨을 것이다. 그러나 마태는 당시 사람들과 우리 같은 후대의 사람들이 예수님의 의도를 바로 이해할 수 있도록 친절하게 설명을 곁들여서 기록해 주었다.

그런데 그 당시 사람들이 아무런 설명이 없이 "가난한 자는 복이 있다"라는 말을 들었을 때 받았을 충격을 생각해 보자. 그들은 오늘 우리 기독교인들의 일반적인 생각과 마찬가지로 부자들은 다른 사람들보다 더 복을 받은 사람으로 생각했었다. 그런데 주님의 말씀은 가난한 사람이 복이 있다는 것이다. 구약에서 가난한 사람이란 궁핍한 자, 비천한 자, 그리고 압제를 받는 자를 말한다. 그런데 우리 예수님도 자신에 대한 말씀으로 인용하신 적이 있는 이사야 61:1-2에서는 가난한 자와 마음이 상한 자 즉 상한 심령을 가진 자를 서로 연관시키고 있다.

> 주 여호와의 영이 내게 내리셨으니 이는 여호와께서 내게 기름을 부으사 가난한 자에게 아름다운 소식을 전하게 하려 하심이라 나를 보내사 마음이 상한 자를 고치며 포로된 자에게 자유를, 갇힌 자에게 놓임을 선포하며 여호와의 은혜의 해와 우리 하나님의 보복의 날을 선포하여 모든 슬픈 자를 위로하되(사 61:1-2).

여기에서 "가난한 자"와 "마음이 상한 자"를 하나로 묶을 수 있고 "포로 된 자"와 "갇힌 자"를 하나로 묶을 수 있다. 마태는 예수님의 이같은 의도를 알았고 구약성경의 배경을 바로 이해했기 때문에 돈이 없어 가난한 자가 아니라 마음이 가난한 자라고 기록했다.

그렇다면 마음이 가난하다는 것은 무엇을 말할까?

도대체 무엇이 없어서 가난하다는 것일까?

그것은 의가 없어서 가난하다는 것이다. "의"란 "하나님과의 바른 관계"를 말한다. 의에는 물론 사람들과의 바른 관계도 포함한다. 마음이 가난한 사람은 하나님과의 바른 관계를 이루기 위하여 하나님의 말씀을 따라 경건하게 살고 싶은데 아무리 노력해도 경건하게 살아갈 수 없는 것을 발견한 사람이다. 이 사람은 빚을 져서 파산한 것이 아니라 영적으로 파산한 사람이다.

예전에 아버지의 노예선을 물려받아 노예선의 선장이 된 사람이 있었다. 이 사람은 약혼자를 영국에 남겨두고 아프리카로 가서 흑인들을 잡아들였다. 그리고 배에서는 온갖 방탕한 생활을 하였으며, 흑인 여자들을 강간하는 등의 만행을 저질렀다. 그가 얼마나 악독했으면 같은 배의 선원들도 그가 죽어버렸으면 좋겠다고 할 정도였다. 그런데 돌아오는 길에 그의 배는 심한 풍랑을 만났다. 배가 거의 파산할 지경에 이르자 그는 하나님께 한 번만 용서해 주시면 다시는 이런 생활을 하지 않겠노라고 기도했다. 하나님께서 그 기도를 들으셔서 그는 무사히 고국에 돌아왔고 약혼자와 결혼을 하였다.

그런데 그는 옛 생활을 청산하지 못하고 또 다시 노예선을 타고 아프리카에서 흑인들을 수송했다. 이번에는 그가 바다 한 가운데서 심한 병에 걸려 죽게 되었다. 그는 자신이 이제 영적으로나 육적으로 파산하여 더 이상 가망이 없다는 사실을 알게 되었다. 그는 이번에는 아무것도 하나님께 약속하지 않았다. 오직 주의 은혜와 자비하심만을 바라보았다. 그가 육신의 고통으로 지루하고 긴 밤을 보낸 후에 아침을 맞이했다. 그런데 창문으로 스며드는 따스한 햇볕과 함께 하나님의 은혜가 그의 마음에 임한 것을 느꼈다. 그는 새 사람이 되었고 그의 병에서도 치유를 받았다.

이 사람이 바로 존 뉴톤(John Newton)으로 후에 목사가 되어 자신의 과거를 돌아 보면서 "나 같은 죄인 살리신 주 은혜 놀라와 잃었던 생명 찾았고 광명을 얻었네"라는 곡(Amazing Grace)을 썼다. 영적인 파산의 상태란 바로 그가 체험한 것처럼 자신에게는 경건한 삶을 살 수 있는 능력이 없다는 것을 인식하는 것이다. 바로 이런 사람이 복이 있다는 것이다. 그리고 그들에게 약속한 복은 천국이었다.

천국은 하나님의 다스림이 온전히 임하는 곳이다. 거기에는 사탄과

죄와 사망과 질병과 고통이 영원토록 자리잡을 수 없다. 하나님께서 친히 그 백성들에게 빛이 되셔서 남들이 어둠 가운데 방황할지라도 하나님의 백성이 된 이들은 환한 빛 가운데 거닐게 된다. 하나님께서 그들에게 영생하도록 솟아나는 생수를 주셔서 그들이 생명력 있는 삶을 살게 하신다.

그런데 왜 부자는 복이 없는 것일까?

부자는 아무래도 가난한 사람들보다는 하나님을 의존하지 않기 때문이다. 한 부자 청년이 있었다(마 19:16-30). 그는 어렸을 때부터 종교적인 집안에서 자라왔다. 그는 부자이고 나이도 젊고 도덕적인 삶을 살았기에 아무런 부족함이 없을 것처럼 보인다. 그런데 이 부자 청년에게는 영생을 얻었다는 확신이 없었다. 그래서 그는 예수님을 찾아왔다. 어떻게 하면 영생을 얻느냐고 묻는 그에게 예수님은 계명을 지키라고 했다. 주님은 십계명 중에 1계명부터 4계명은 놓아두고 5계명부터 10계명까지를 언급하셨다. 그런데 이 청년은 이 계명들을 어려서부터 다 지켰다고 했다. 그래서 주님은 그러면 그의 재산을 다 팔아 가난한 자에게 주고 주님을 따르라고 했다.

주님께서 이같이 말씀하신 것은 십계명의 근본 취지는 하나님과 그 이웃을 자신의 몸같이 사랑하는 데 있기 때문에, 그 부자가 그 이웃을 자신처럼 사랑하지 않으면 율법을 지켰다고 말할 수 없다는 것을 보여주기 위한 것이다. 이 청년은 돈이 많았을 뿐 아니라 자신이 스스로 의롭다고 생각했기 때문에 심령도 부자였다. 그래서 그는 심히 고민하며 돌아갔다고 성경은 기록한다. 주님은 부자가 천국에 들어가기가 어찌나 어려운지 약대가 바늘귀로 들어가는 것보다 어렵다고 하셨다.

부자는 천국에 들어갈 수 없다. 그런데 가난한 사람도 천국에 들어갈 수 없다. 오직 마음이 가난한 사람만이 천국에 들어갈 수 있다. 어떤 사람들은 "나는 살인이나 도적질이나 간음하지 않았기에 다른 사람보다 죄가 없다"고 말하는 사람이 있다. 그런데 하나님 앞에서는 모든 인간은 죄인이다. 만일 여의도의 국회의사당 건물과 63빌딩 중에 어느 것이 높으냐고 사람들이 묻는다면 63빌딩이라고 할 것이다.

하지만 이 둘을 달에 가서 비교해 보면 얼마나 차이가 나겠는가?

하물며 우주 밖에 계신 하나님 편에서 두 건물을 바라보면 어떠하겠는가?

우리가 비록 다른 사람들과 나를 비교하여 다른 사람들보다 내가 의롭다고 하지만 그 차이는 하나님 편에서 보면 아무것도 아니다. 하나님 앞에서는 모든 사람이 죄인일 따름이다. 그러므로 자신이 하나님 앞에 참을 수 없는 죄인임을 깨닫는 것이 하나님의 은혜를 받는 비결이다. 그 사람이 하나님 나라에 가까이 있다.

둘째, "애통한 자는 복이 있다"고 했다.

이 말씀도 얼마나 역설적인지 모른다. 불행한 사람이 곧 행복하다는 것이다.

왜 그가 불행함을 느끼고 울까?

역시 의가 없기 때문이다. 심령이 가난한 자 즉 영적으로 파산을 당한 자만이 애통할 수 있다.[1] 다윗은 이스라엘 전체의 왕이 된 후에 거침

---

[1] 필자가 여기서 성경을 해석하는 과정에 대해 주의하라. 필자는 현미경을 가지고 단어 하나하나를 파헤치기보다는 앞 구절과 뒷 구절과 어떻게 연관이 되어 있는가에 더욱 집중하고 있다.

없이 성공적인 삶을 살았다. 그러다가 그는 정말 범하지 말아야 했던 우리아의 아내 밧세바를 범하고 말았다. 그가 죄를 범하기 전에는 하나님께서 자신에게 은혜를 주신 것은 자신이 하나님 앞에서 의롭게 행하였기 때문이라고 생각하기가 쉬웠다. 그런데 이 일로 말미암아 그런 생각이 완전히 무너지고 말았다. 다윗은 눈물로 주님께 회개하며 시편 51:16-17에서 다음과 같이 말하였다.

> 주께서는 제사를 기뻐하지 아니하시나니 그렇지 아니하면 내가 드렸을 것이라 주는 번제를 기뻐하지 아니하시나이다 하나님께서 구하시는 제사는 상한 심령이라 하나님이여 상하고 통회하는 마음을 주께서 멸시하지 아니하시리이다(시 51:16-17).

그가 이때 깨달은 진리는 하나님께서는 제사 자체보다 더 제사하는 사람의 마음 자세를 더욱 중요하게 여기신다는 것이다. 하나님은 자신이 의롭다고 목을 곧게 세우고 드리는 제사보다 지은 죄를 인하여 상하고 통회하는 마음으로 드리는 제사를 더욱 기뻐하신다.

누가복음 18:9 이하에 보면, 하루는 바리새인과 세리가 성전에 기도하러 올라갔다. 당시 성전은 이방인들이 들어갈 수 있는 뜰이 있고 거기에서 조금 더 가면 이스라엘 여인들이 들어갈 수 있는 뜰이 있었다. 그 다음에는 이스라엘 남자들이 들어갈 수 있는 방이 있고 그 앞에는 제사장이 일 년에 한 번만 들어가는 지성소가 있다.

그런데 백성의 존경을 받는 한 바리새인이 지성소 바로 곁에서 서서 따로 기도하되 "하나님이여 나는 다른 사람들 곧 토색, 불의, 간음을 하는 자들과 같지 아니하고 이 세리와도 같지 아니함을 감사하나이다"라고 하였다. 이 바리새인은 하나님께 기도하기보다는 자신의 의를 사람들에게 자랑하고 있다. 반면에 세리는 지성소에서 멀리 서서 감히 눈을 들어 하늘을 쳐다보지도 못하고 다만 가슴을 치며 "하나님이여 불쌍히 여기소서 나는 죄인이로소이다"(눅 18:13)라고 기도하였다. 주님은 세리가 바리새인보다 의롭다 하심을 얻고 집에 내려갔다고 하셨다.

우리가 주일 예배를 드릴 때에도 마찬가지이다. 하나님은 우리가 일주일 동안 주님 앞에 의롭게 생활하였고 주님을 위해서 십일조나 헌물을 드렸으니까 우리에게 이러이러한 복을 달라고 하는 사람을 기뻐하지 않는다. 오히려 일주일 동안 주님 보시기에 바른 생활을 못해서 누가 볼까봐 슬쩍슬쩍 우는 사람을 더욱 기뻐하신다.

다음으로 "온유한 자가 복이 있다"고 했다. 여기에서 온유한 자란 마땅히 자신의 권리를 내세울 수 있지만 자기를 주장하지 않는 사람을 말한다.

왜 자신을 주장하지 않을까?

왜냐하면 자신이 어떤 사람인지를 너무도 잘 알고 있기 때문이다. 그는 영적으로 파산을 당했는데 하나님의 은혜를 체험했다. 그는 자신이 현재의 모습으로 된 것은 오직 하나님의 은혜이니까, 더 이상 하나님과 사람 앞에서 아무런 주장도 하지 않는 것이다. 자신을 있는 그대로 숨기지 않고 드러내는 것 이것이 바로 겸손함이다. 우리는 겸손함이란 자신을 낮추는 것이라고 생각하는데, 사실은 우리가 더 낮출 곳도 없기 때문에 자신을 있는 그대로 인정하는 것이 바로 겸손함이다. 자신을 주장하지 않는다는 점에서 온유함은 겸손함과 매우 유사하다. 그래서 예수님도 마태복음 11:29-30에서 말씀하셨다.

나는 마음이 온유하고 겸손하니 나의 멍에를 메고 내게 배우라 그리하면 너희 마음이 쉼을 얻으리니 이는 내 멍에는 쉽고 내 짐은 가벼움이라 하시니라(마 11:29-30).

민수기 12:3은 모세는 온유함이 지면의 모든 사람보다 뛰어났다고 증거하고 있다. 모세가 구스 여자를 아내로 취했을 때의 일이다. 모세의 누이 미리암과 형 아론이 모세를 비방하고 그의 지도력에 도전하였다. 모세가 구스 여자를 취한 것은 자신의 아내 십보라가 죽었기 때문일 것이다. 그렇다고 보면 미리암과 아론이 모세가 구스, 즉 에티오피아 여자를 아내로 맞았다고 해서 비방할 이유가 없었다. 그런데 모세는 이들의 비방에 대하여 변명하거나 화를 내지 않았고 그들을 처벌하려고 하지 않았다. 그러므로 하나님으로부터 모세는 온유하다는 평가를 받았고, 미리암은 모세를 비방한 벌로 나병이 걸리게 되었다.

이 온유한 자에게 약속된 것은 땅을 기업으로 받는다는 것이다.

이 "땅"이란 무엇을 말하는 것일까?

주님이 가난한 자는 복이 있다고 하셨는데 이제 온유한 자는 땅 부자가 된다는 말일까?

그 해답은 마가복음 10:29-30의 말씀에서 찾을 수 있다.

내가 진실로 너희에게 이르노니 나와 복음을 위하여 집이나 형제나 자매나 어머니나 아버지나 자식이나 전토를 버린 자는 현세에 있어 집과 형제와 자매와 어머니와 자식과 전토를 백 배나 받되 박해를 겸하여 받고 내세에 영생을 받지 못할 자가 없느니라(막 10:29-30).

이 말씀이 우리가 땅 한 평을 하나님께 바치면 백 평을 얻는다는 것을 의미한다면, 부동산 투자로 괜찮은 장사라고 할 수 있다. 그런데 이 말씀은 사실 그런 말씀이 아니다. 이 말씀을 자세히 보면 하나님께 바친 것들의 백 배를 모두 받는데, 단 한 가지 받지 못한 것이 있다. 그것은 백 배를 받는다는 말씀 중에 유독 "아버지"라는 말이 없다. 왜냐하면 우리에게는 오직 한 아버지만이 계시는데 그분은 하늘에 계신 우리 아버지이시기 때문이다.

따라서 이 말씀은 우리가 믿음을 인하여 가족을 버리면, 전 세계에 있는 믿음의 형제들이 우리의 가족이 된다는 것이다. 집과 땅을 버리고 주님을 따르면 그 발로 걷는 세계의 모든 곳이 그의 소유가 된다는 것이다. 선교사인 필자는 이 말씀을 실제로 체험하고 산다. 필자는 고국의 가족, 친척, 친구와 직업과 모든 재산을 버리고 이방 나라에서 복음을 전하고 있다. 이방 나라에서 비록 땅 한 평 소유하지 못하고 있지만, 고국의 수많은 그리스도인들이 필자를 위해 기도와 물질로 후원해 준다. 이방의 땅에서도 하나님의 사람들이 가족이 되어주며 어려울 때 도움이 되어준다. 이와 같이 온유한 자가 땅을 소유한다는 것은 실제 자기 명의의 땅을 소유한다기보다는 영적인 땅, 즉 하나님의 나라를 소유하는 것을 말한다.

온유함은 하루아침에 이루어지지 않는다. 많은 시간을 통한 훈련이 필요하다. 그러므로 우리는 모세처럼 점점 나이가 들수록 온유해지도록 노력해야 한다. 또 한편 온유함은 하나님과 개인적으로 대화할 때보다는 다른 사람 앞에서 나타내는 것이 더욱 어렵다. 부부 사이에도 상대방에게 잘못을 저지르고 그것 때문에 싸움이 일어날 때가 있다.

그런데 혼자 하나님 앞에서는 자신이 잘못한 일을 깨닫고 회개하지만, 상대방에게는 자존심을 내세워 잘못을 인정하지 않을 때가 많다. 온유하다는 것은 하나님 앞에서뿐 아니라 사람 앞에서도 자신의 잘못을 인정하는 것이다. 정치가나 기업가나 목사나 누구든지 자신의 잘못을 솔직히 시인하는 사람은 온유하고 겸손한 사람이다. 잘못을 인정하고 진심으로 사죄하면, 오히려 사람들의 인정을 받는다. 반면에 명백히 잘못한 일도 이를 숨기고 거짓으로 변명하는 사람들을 보면 참으로 추하게 보인다.

다음으로 "의에 주리고 목마른 자는 복이 있다"고 했다. 이들은 의가 없어서 마음이 상하고 애통했는데 하나님이 주시는 의를 체험했다. 여기에서 "의에 주리고 목마르다"라는 것은 이들이 계속해서 의로운 삶을 살기 위해서 노력한다는 것이다. 이들은 더 이상 과거에 자신이 지은 죄로 인하여 슬픔 가운데 빠져있지 않고 미래에 다가올 의를 추구한다. 이들은 하나님의 은혜와 평강과 위로를 체험했기 때문에, 그 은혜를 계속 누리기 위하여 경건한 삶, 의로운 삶을 추구한다. 신앙의 초기에 우리가 예수님이 우리 죄를 위해 죽으셨다는 것을 믿으면, 비록 의롭지 않지만 하나님은 우리를 의롭다고 인정해 주신다.

바로 이것을 우리는 법정적인 의라고 부른다. 이 의를 통해서 우리는 하나님과 아버지와 아들의 새로운 관계를 형성한다. 하나님과의 새로운 관계에 들어선 자들은 그 관계를 지속적으로 유지하기 위해 그리스도 안에 있는 의가 자신의 의가 되도록 끊임없이 노력한다. 왜냐하면 하나님께서는 우리가 의로운 삶을 사는 것을 기뻐하시기 때문이다. 그러므로 사도 바울도 다메섹에서 그리스도를 만나 회심을 경험한 후, 일

평생 그리스도를 닮아가기 위해서 끝까지 노력했다.

이와 같은 의는 도덕적인 의이다. 하나님께 의롭지 않지만 의롭다고 법적으로 인정받은 자는 도덕적으로 의로워지도록 노력한다는 것이다. 그런데 의란 하나님과의 바른 관계뿐만 아니라 사람들과의 바른 관계도 포함한다. 사람들과의 바른 관계를 말하는 의는 사회적인 의이다. 우리는 이제까지 우리 개인의 의를 추구하기 위해서는 많은 노력을 해 왔지만 사회 내에 하나님의 공의가 이루어지는 것에 대해서는 등한시하였다. 그런데 하나님은 교회나 신자뿐만 아니라 세상과 세상 사람도 다스리신다.

성도들은, 따라서 하나님의 온전한 통치가 이 사회의 모든 영역에도 임하기 위해 힘써야 한다. 우리 사회가 현재 직면하고 있는 사회적 불평등의 문제들 즉 노동자들에 대한 차별이나 지체부자유한 사람들에 대한 배려의 부족, 빈부의 영속적인 격차나 외국인 노동자와 이주민들에 대한 학대와 비정규직의 문제 등을 우리가 해결하도록 힘써야 한다.

의에 주리고 목마른 자에게 주께서 주신 약속은 의를 얻음으로써 배부르다는 것 곧 만족함을 얻는다는 것이다. 의를 추구하는 자가 의를 얻는다는 것은 얼마나 기쁜 소식인지 모른다. 반면에 의를 추구하지 않는 자는 이것을 얻을 수가 없다.

우리가 의로워지되 어느 정도까지 의로워져야 할까?

예수 그리스도의 장성한 분량에 이르기까지 의로워져야 한다. 결국 우리가 온전하게 의로워진다는 말은 그리스도의 형상을 닮는다는 말과도 같다. 그러할 때 사람들이 우리를 보고 하나님이 의로우신 분이라는 것을 깨달아 하나님을 영화롭게 한다. 그런데 우리가 의를 얻는 것은 우리의 노력이 아니라 철저히 하나님의 은혜로 얻어지는 것이다. 하나님의 은혜가 우리로 죄 용서 받고 의롭다고 인정받은 기쁨을 누리게 한다. 하나님의 은혜는 여기에서 끝나는 것이 아니라 우리를 계속해서 훈련시키고 성장하게 하여 이 세상에서 의롭게 살아갈 수 있도록 도와준다. 디도서 2:11-12은 다음과 같이 말한다.

> 모든 사람에게 구원을 주시는 하나님의 은혜가 나타나 [은혜가][2] 우리를 양육하시되 경건하지 않은 것과 이 세상 정욕을 다 버리고 신중함과 의로움과 경건함으로 이 세상에 살고(딛 2:11-12).

우리는 산상수훈의 말씀을 지킬 수 없다고 포기해서는 안 된다. 그렇게 하는 것은 "하나님의 인자하심과 용납하심과 길이 참으심이 풍성함을 멸시"(롬 2:4)하는 것이다. 하나님의 은혜뿐만 아니라 예수님도 우리가 의로운 길을 가기를 원하시며(요 17:15-17) 우리를 위해 항상 기도하신다(롬 8:34). 성령께서도 우리에게 하나님의 뜻을 깨닫게 하시며(요 14:26; 16:13) 우리를 위해 간구하시며(롬 8:26) 의를 행할 수 있는 능력을 주신다(갈 5:16, 18; 살후 2:13).

결론적으로 말하자면 하나님께서는 우리가 바른 길 가기를 원하시기 때문에 그의 은혜로, 성령의 능력으로 도와주신다. 문제는 우리가 과연 의로운 길을 가고자 하는가라는 것이다. 우리만 원한다면 하나님께서

---

[2] 헬라어 성경에서 "양육하다"란 동사는 여성형이다. 주어가 될 수 있는 여성형은 "은혜"밖에 없기 때문에 은혜가 이 동사의 주어이다. 하나님의 은혜는 우리가 잘못할 때 징계하며 우리가 잘할때 격려하여 우리를 이 땅의 죄악에서 벗어나 거룩한 삶을 살게 한다.

이를 도와주신다. 우리가 원하지 않는다면 우리는 결코 의를 얻을 수 없다. 우리에게 의가 없다면 평안과 만족함이 있을 수 없다.

종교개혁자 마틴 루터에 대해서 잠시 언급하고 싶다. 마틴 루터는 법학을 공부하던 중 하루는 친구와 함께 길을 가는데 그 친구가 벼락을 맞아 죽음을 당했다. 루터는 그때 사제가 되기로 결심하고 수도원에 들어갔다. 그가 수도원에 들어갈 때는 가족이나 결혼이나 직업과 같은 세상 모든 것을 포기하고 들어갔다. 그는 수도원에 들어가서 사제의 엄격한 훈련을 받아 의로워지도록 노력했다. 금식하고 채찍에 맞고 무릎으로 성당을 오르는 등의 고행으로 죄악된 생각에서 자유로워지려고 무척이나 노력했다.

그런데 그는 아무리 노력해도 죄악에서 벗어날 수 없었다. 그는 그의 『갈라디아서 주석』의 서문에서 한 때에는 십자가에 달린 예수님이 혐오스러울 정도로 미웠다고 했다. 왜냐하면 예수님은 자신이 지킬 수도 없는 계명을 요구한다고 생각했기 때문이다. 그런데 그가 로마서 1:17 말씀에 깨어졌다.

> 복음에는 하나님의 의가 나타나서 믿음으로 믿음에 이르게 하나니[3] 기록된 바 오직 의인은 믿음으로 말미암아 살리라 함과 같으니라(롬 1:17).

그는 이제까지 모든 것을 버리고 수도원에 왔다고 생각했었는데 사

---

[3] 이 구절은 "믿음으로 시작해서 믿음으로 마친다"라는 뜻으로 하나님의 의는 처음부터 끝까지 믿음으로 얻을 수 있다는 것이다. 믿음으로 의롭게 된 자들은 그 믿음으로 말미암아 생명을 얻는다.

실은 수도원까지 자신의 의를 가지고 온 것이다. 그런데 마침내 그가 의를 얻고 구원함을 얻는다는 것은 자신의 수행이나 노력이 아니라 오직 예수 그리스도를 믿음으로 얻는 것임을 깨달은 것이다. 그러므로 그 예수님을 향한 믿음이 결국에 우리를 구원으로, 영생으로 이끌게 된다는 것을 알게 되었다.

그래서 루터는 자신의 의를 버리고 예수님의 의를 붙들었다. 이제 자신을 버리고 예수님을 얻었기 때문에 그는 더 이상 수도원에 있을 필요가 없었다. 그는 수도원을 버리고 세상으로 나왔다. 그리고 그리스도 예수를 믿음으로 구원을 얻는다는 진리를 선포하기에 이르렀다. 여기서 우리가 기억해야 할 것은 루터가 믿음으로 의를 얻는다는 교리를 깨달았다고 해서 그 뒤로 의롭게 되기 위한 노력을 게을리했던 것은 아니라는 점이다. 그는 매일 4시간씩 기도하는 경건한 생활을 하였다.

교회사에서 큰 역할을 담당했던 바울이나 오리겐이나 어거스틴이나 루터나 요한 웨슬리 등은 모두 죄로 인해서 심각한 고민을 했고 그 결과 하나님의 은혜를 체험했던 사람들이다. 자신은 의롭다고 주장해서 자신과 이웃과 심지어 하나님까지 속이는 자를 하나님은 기뻐하지 않으신다. 오히려 의가 없어서 마음이 상하고 애통하며 자기를 주장하지 않는 사람을 기뻐하신다. 이들이야말로 하나님이 주시는 의를 체험하게 되고 그 기쁨을 계속 누리는 의로운 삶을 살기 위해 더욱 노력한다.

생각하기

1. 마태복음 5:3에서 어떤 사람이 천국을 소유할 수 있다고 했는가?

   심령이 가난하다는 것은 무엇을 말하는가?

   무엇이 없어서 가난하다는 것일까?

2. 마태복음 5:4에서 애통한 자는 복이 있다고 했는데 이 사람은 무엇 때문에 슬퍼하겠는가?

   시편 51편의 배경을 살펴보라. 그리고 16, 17절에서 다윗이 무엇 때문에 슬퍼했는지에 대해 생각해 보라.

3. 창세기 26:1-35에서 이삭은 어떤 온유함을 보여 주었는가?

   민수기 12:1-3에서는 모세의 성품이 어떠하다고 했는가?

   마태복음 11:28-30에서 예수님은 자신의 성품이 어떠하다고 했는가?

   마가복음 10:29-31에서 어떤 사람이 땅을 차지할 것이라고 했는가?

   그리고 저자는 그가 땅을 차지한다는 것이 어떤 뜻이라고 했는가?

4. 마태복음 5:6에 의하면 어떤 자가 배부름 즉 만족을 얻는다고 했는가?

   "의에 주리고 목마르다"는 것은 무엇을 의미하는가?

제4장

그리스도인의 성품 2(마 5:3-12)

> 하나님의 은혜를 깨달은 사람은 다른 사람에게 관대하다. 그는 두 마음을 품지 않고 오직 진실한 마음으로 하나님과의 친밀한 교제를 추구하며 하나님의 화목을 세상에 전파한다. 그는 세상의 반대와 핍박에 직면한다고 해도 그리스도의 나라와 의를 위해 이를 즐거이 받아들인다.

마음이 가난한 자는 영적으로 파산당한 사람이다. 이 사람은 자신이 의롭지 못함을 인하여 심히 슬퍼한다. 이런 사람이 하나님의 축복과 위로를 얻는다. 이 사람은 자신이 하나님 앞에 온전한 사람이 아니라는 사실을 잘 알기 때문에 결코 자신을 내세우지 않는다. 이 사람은 죄를 용서하시는 하나님의 은혜를 체험했다고 해서, 거기에 만족하지 않는다. 하나님이 주시는 의를 계속해서 추구한다. 의를 추구한다는 것은 하나님과 사람들과의 바른 관계를 위해 노력한다는 것이다. 이 사람이 하나님의 나라 안에서 참된 만족함을 누릴 수 있다.

이제 마태복음 5:7을 살펴보자.

> 긍휼히 여기는 자는 복이 있나니 그들이 긍휼히 여김을 받을 것임이요 (마 5:7).

우리가 우선 생각할 것은 "긍휼히 여기는 것"이 긍휼히 여김을 받는 조건이 아니라는 것이다. 오히려 하나님으로부터 긍휼히 여김을 받은 자만이 남을 긍휼히 여길 수 있다. 즉 하나님으로부터 죄 용서함을 받고 의에 배부름을 얻은 자만이 다른 사람을 용서할 수 있다. 주기도문에서 "우리가 우리에게 죄 지은 자를 사하여 준 것같이 우리 죄를 사하여 주옵시고"(마 6:12)라는 말씀도 이 같은 맥락에서 이해해야 한다. 다른 사람의 죄를 용서하는 것이 우리의 죄를 용서받는 조건은 아니지만, 만일 어떤 사람이 다른 사람을 용서하지 못하고 긍휼히 여기지 못한다면, 그가 진정으로 회개했다고 볼 수 없다. 반면에 하나님의 용서하시는 은혜를 체험한 사람은 다른 사람에게 온유하며 관대하다.

그러므로 내가 만일 어떤 사람을 용서할 수 없거든, 나에게 자신이 하나님께 지은 죄를 용서받은 기쁨이 있는가를 살펴보아야 한다. 하나님은 이미 나의 죄를 용서하셨는데 혹시 나는 아직 자신을 용서하지 못하고 있는가를 생각해 보아야 한다.

미국에서 사역하던 한 목사님의 이야기이다. 그 목사님에게는 아주 경건한 사모님이 있었다. 그런데 이 목사님은 사모님을 말로 너무나 힘들게 했다. 사모님이 청소를 깨끗하게 하지 않는다든지 어떤 일을 느리게 한다든지 요리가 마음에 들지 않는다든지 하면, 그는 사모님을 너무나 야단을 쳐서 그녀가 노이로제에 걸릴 지경이었.

이 사모님이 정신 상담을 받았는데 상담자는 그녀에게 아무런 문제를 발견하지 못해서 그 목사님과 면담을 하게 되었다. 그 결과 그는 그 목사님에게 심각한 죄의식이 있다는 사실을 발견했다. 이 목사님은 사모님과 약혼하고서 군대에 입대하여 외국에 나가 전쟁에 참여했다. 그

가운데 그 나라의 창녀들과 불미스런 관계를 맺었다. 그는 제대 후에 사모님과 결혼을 해서 목회를 하고 있었지만, 마음 깊은 곳에서는 자신은 사모님과 결혼할 자격이 없다고 생각하고 있었다. 그 죄의식 때문에 오히려 그녀의 약점을 잡아 공격함으로써 자신을 합리화시켰던 것이다. 그는 결국 목회를 그만두었다. 그는 다른 사람에게는 죄 용서의 은혜를 수없이 설교했지만 정작 자신의 죄의 문제를 해결하지 못했다. 하나님의 사죄의 은혜를 받아들이지 못했기 때문이었다.

그러면 우리는 어떻게 죄 용서받은 기쁨을 체험하고 자신을 용서할 수 있을까?

필자의 친구 중 한 명은 군대에서 헬리콥터를 운전하는 기장이었다. 그는 언젠가 필자에게 헬리콥터들이 하늘에서 많이 추락하는 이유에 대해서 알려주었다. 흐린 날 헬리콥터를 몰고 하늘을 날다 보면 순간적으로 자신의 위가 하늘인지 아래가 하늘인지 혼동이 된다고 한다. 자신이 거꾸로 날고 있다는 생각이 들 때, 운전대를 돌리면 땅으로 추락하고 만다는 것이다. 그는 이런 사고를 막으려면 자신의 감정을 의지하지 말고 계기판을 보면 된다고 했다. 계기는 정확하게 헬리콥터가 바로 날고 있는지 거꾸로 날고 있는지 알려주기 때문이다.

우리 역시 살면서 우리의 지식이나 감정이나 의지를 따르지 말고 계기를 믿듯이 하나님의 말씀을 믿어야 한다. 그분은 분명히 말씀하셨다.

> 만일 우리가 우리 죄를 자백하면 그는 미쁘시고 의로우사 우리 죄를 사하시며 우리를 모든 불의에서 깨끗하게 하실 것이요(요일 1:9).

따라서 우리가 진심으로 내 죄를 후회하고 하나님께 고백하고 예수님의 피를 의지해서 용서를 빌었다면, 하나님께서 우리 죄를 이미 용서했다는 사실을 믿고 받아들여야 한다. 예레미야 31:34에서도 이렇게 말씀하셨다.

> … 내가 그들의 악행을 사하고 다시는 그 죄를 기억하지 아니하리라 여호와의 말씀이니라(렘 31:34).

따라서 우리 역시 우리의 과거의 죄에 연연해서는 안 된다. 내가 하나님께 용서받는 기쁨을 체험할 때 비로소 다른 사람의 죄에 대해서 관대해질 수 있다.

> 마음이 청결한 자는 복이 있나니 그들이 하나님을 볼 것임이요(마 5:8).

마음이 청결하다는 것은 다음의 두 가지 의미를 지니고 있다.
첫째, 마음이 청결하다는 것은 두 마음을 품지 않는 것이다.
시편 24:3-6에는 이렇게 기록되어 있다.

> 여호와의 산에 오를 자가 누구며 그의 거룩한 곳에 설 자가 누구인가 곧 손이 깨끗하며 마음이 청결하며 뜻을 허탄한 데에 두지 아니하며[1] 거짓

---

[1] 원문에는 "그의 마음을 무가치한 것 혹은 우상에게 가져가지 아니하며"라고 되어 있다. NIV는 이 부분을 "그의 마음을 우상에게 높이지 않으며 거짓된 것으로 맹세하지 아니하는 자로다"라고 명시하여 "허탄한 것"이 "우상"인 것을 더욱 분명하게 밝혔다.

맹세하지 아니하는 자로다 그는 여호와께 복을 받고 구원의 하나님께 의를 얻으리니 이는 여호와를 찾는 족속이요 야곱의 하나님의 얼굴을 구하는 자로다 (시 24:3-6).

마음이 청결하다는 것은 마음을 우상과 같은 허탄한 데 두지 않고 하나님의 얼굴을 구하는 것이다. 이런 자가 하나님의 성전에 영원히 거할 수 있다. 그런데 이스라엘 사람들은 하나님을 섬기면서 우상도 함께 섬겼다. 그러면서 그들은 우리가 언제 하나님을 버렸냐고 했다. 그러나 하나님은 이처럼 하나님과 우상을 함께 섬기는 것을 가장 싫어하신다. 오늘날 우리가 우상을 섬기지 않는다고 해서 하나님만을 섬긴다고 착각해서는 안 된다. 야고보서 4:8은 우리에게도 두 마음을 품지 말라고 권면하고 있다.

하나님을 가까이하라 그리하면 너희를 가까이하시리라 죄인들아 손을 깨끗이 하라 두 마음을 품은 자들아 마음을 성결하게 하라(약 4:8).

돈이 세상을 지배하고 있는 오늘날, 그리스도인들도 돈을 주인으로 섬기면서 하나님을 섬기고 있다고 착각하고 살 수 있다. 주님은 마태복음 6:24에서 이렇게 말씀하셨다.

한 사람이 두 주인을 섬기지 못할 것이니 혹 이를 미워하고 저를 사랑하거나 혹 이를 중히 여기고 저를 경히 여김이라 너희가 하나님과 재물을 겸하여 섬기지 못하느니라(마 6:24).

하나님과 함께 돈이나 가족이나 직업이나 다른 것을 섬기면 마음이 청결한 것이 아니다.

둘째, 마음이 청결하다는 것은 겉과 속이 하나라는 것이다.

예수님은 마태복음 23:25-28에서 바리새인을 책망하시며 "잔과 대접의 겉은 깨끗이 하되 그 안에는 탐욕과 방탕으로 가득하게 하였다"고 하셨다. 바리새인들은 그 겉모습은 경건하고 의로운 자 같은데 정작 그들의 마음속은 온통 더러운 것으로 가득 차 있었다. 예수님은 또 바리새인들을 회칠한 무덤과 같다고 책망하셨다. 회칠한 무덤은 겉으로는 하얗고 아름답게 보이나 그 안에 죽은 사람의 뼈와 모든 더러운 것이 가득하다. 그러므로 마음이 청결하다는 것은 겉과 속이 모두 일치하는 것이다. "마음이 청결하다는 것"과 "의롭다"는 것은 서로 바꾸어 쓸 수 있다. 다시 말해 의롭다는 것은 두 마음을 품지 않는 것이고 겉모양과 속마음이 한결같다는 말이다.

마음이 청결한 자가 받는 복은 하나님을 볼 수 있다는 것이다. 어떤 사람은 이 말이 문자 그대로인 줄로 알고 하나님을 보게 해 달라고 기도한다. 그런데 이 땅에서 하나님을 직접 대면해서 살아남을 사람은 아무도 없다. 이 말씀은 마음의 눈으로 하나님이 자신의 곁에 있음을 느끼고 사는 것을 말한다. 바리새인들은 마음이 사악했기 때문에 예수님을 보면서도 하나님이심을 깨닫지 못하였다. 또 예수님이 귀신을 쫓아내고 병을 고치시는 기적을 행하는 것을 보면서도 그랬다. 그들은 기적 자체는 의심하지 않았지만, 그 기적이 하나님으로부터 왔는지 사탄으로부터 왔는지 알지를 못했다.

오늘 우리는 하나님을 눈으로 직접 볼 수는 없지만, 마음이 청결한 자는 자신이 하나님의 면전에 있다는 사실이 불편하지 않고 편안하다. 오히려 죄 가운데 있을 때 불편함을 느낀다. 요즈음에는 인터넷과 텔레비전에서 음란물들이 여과 없이 반영된다. 그런 내용을 습관적으로 은밀하게 즐기는 사람이 있다.

하지만 그가 하나님 앞에 있다는 사실을 안다면 어떻게 그럴 수 있을 것인가?

실로 마음이 청결한 자는 삶의 모든 영역에서 하나님의 존재를 인식하며 그와 더욱 동행하려고 힘쓴다.

하나님과의 바른 관계 즉 화평을 누리는 자는 하나님과 다른 사람들도 화목을 누릴 수 있도록 힘쓴다.

> 화평하게 하는 자는 복이 있나니 그들이 하나님의 아들이라 일컬음을 받을 것임이요(마 5:9).

하나님께서는 친히 그 아들을 이 세상에 보내셔서 세상과 화목하는 본을 보여 주셨다. 골로새서 1:19-20에서 말씀하셨다.

> 아버지께서는 모든 충만으로 예수 안에 거하게 하시고 그의 십자가의 피로 화평을 이루사 만물 곧 땅에 있는 것들이나 하늘에 있는 것들이 그로 말미암아 자기와 화목하게 되기를 기뻐하심이라(골 1:19-20).

그러므로 마태복음 5:48처럼 하나님의 아들들은 아버지 하나님을 본받아 원수라도 사랑하고 화목해야 한다. 그런데 우리가 명심해야 할 것은 사람들과 화평을 이루기 위해서 하나님에 대한 사랑이나 진리를 희생하지 말아야 한다는 것이다. 그래서 예수님도 마태복음 10:34-36에서 "내가 세상에 화평을 주러 온 줄 생각지 말라"고 하시고 "사람의 원수가 집안의 식구"라고 하셨다. 사람들과 진리에 대해 타협하고서 결코 그들을 하나님 앞으로 인도할 수 없다.

이제 마태복음 5:10-12을 살펴보자.

> 의를 위하여 박해를 받은 자는 복이 있나니 천국이 그들의 것임이라 나로 말미암아 너희를 욕하고 박해하고 거짓으로 너희를 거슬러 모든 악한 말을 할 때에는 너희에게 복이 있나니 기뻐하고 즐거워하라 하늘에서 너희의 상이 큼이라 너희 전에 있던 선지자들도 이같이 박해하였느니라(마 5:10-12).

이 말씀에서 우리가 알 수 있는 사실은 다음과 같다.

첫째, 세상을 화목하게 하는 사명을 감당할 때는 세상의 반대와 핍박도 따른다는 것이다.

필자는 어린 시절에 이렇게 생각한 적이 있다.

"나는 종교가 자유로운 나라에서 살고, 우리 가정은 모두 예수님을 믿는데 왜 예수님을 믿으면 핍박을 받는다는 걸까?"

그때는 내가 예수님을 제대로 믿지 않았기에 핍박을 경험하지 못했다. 그런데 시간이 지날수록 예수님을 바로 섬기려면 고난과 핍박이 따른다는 것을 알게 되었다. 디모데후서 3:12에서도 이렇게 기록되어 있다.

무릇 그리스도 예수 안에서 경건하게 살고자 하는 자는 박해를 받으리라

(딤후 3:12).

필자가 미국에 유학하여 신학을 공부할 때 미국이 한국보다 더 기독교의 활동에 제약이 따랐던 것에 무척 놀랐다. 미국 내에서는 공립학교에서 학생들이 기도 시간을 갖는 것이 불법이다. 대통령은 성서에 손을 얹고 맹세를 하면서도 교장이 학생들 앞에서 하나님을 언급하면 안 된다. 요즈음에는 미국의 국기에 대한 맹세에서 "하나님 아래"라는 문구를 빼고, 애국가에서 "하나님이여 미국을 축복하소서"라는 구절을 없애자는 의견이 득세하고 있다. 화폐에 새겨진 "우리는 하나님을 믿는다"라는 구절도 마찬가지다.

자유 민주 국가에서도 이러할진대 현재 중앙아시아와 이슬람권의 선교 상황은 더욱 심각하다. 교회의 사회 구제 사업이 금지되고, 교회 내에서도 어린이들에게는 종교 교육을 못하게 한다. 어떤 이가 이런 지역에서 예수님을 믿으면 가족과 친척들과 지역에서 따돌림을 받을 뿐 아니라, 심지어 죽어서 마을 공동묘지에 묻히지도 못한다. 이 지역에서는 고난과 핍박을 각오하지 않으면 그리스도인이 될 수 없다.

세례 요한은 하나님과 그 백성 사이를 화목하게 하기 위하여 이 땅에 왔으며, 그로 인해 핍박받은 대표적인 인물이다. 그의 삶은 말라기 4:5-6에 이렇게 예언 되었다.

보라 여호와의 크고 두려운 날이 이르기 전에 내가 선지자 엘리야를 너희에게 보내리니 그가 아버지의 마음을 자녀에게로 돌이키게 하고 자녀들의 마음을 그들의 아버지에게로 돌이키게 하리라 돌이키지 아니하면 두렵건대 내가 와서 저주로 그 땅을 칠까 하노라 하시니라(말 4:5-6).

이 말씀처럼 그는 이제 곧 메시아가 이 땅에 임하실 것이니까 회개하라고 신포하고 회개의 증표로 세례를 주었다. 그 가운데 그는 백성들의 죄를 직접적으로 지적했을 뿐 아니라, 헤롯 왕이 자신의 아내를 버리고 이복 동생 빌립의 아내 헤로디아와 결혼한 것이 옳지 않다고 지적하였다. 그로 말미암아 의로운 세례 요한은 결국 헤롯으로부터 죽임을 당했다.

세례 요한은 죄의 문제에 대한 해결이 없이 하나님과 사람 사이에 화목은 있을 수 없다는 것을 알았다. 그는 권력자의 죄를 지적하는 것이 목숨을 거는 행동임을 알았지만 의로운 용기를 보여 주었다. 그는 모든 세대에 하나님의 말씀의 사역자가 본받아야 할 모범이다.

둘째, 핍박을 받는 이유가 "의를 인하여" 그리고 "그리스도를 인하여"일 때 천국을 소유하는 축복을 누린다.

많은 설교자들이 그리스도인의 희생정신을 강조하기 위해서 아프리카에서 의료 활동을 하였던 슈바이처 박사를 언급한다. 그런데 그는 예수 그리스도가 하나님의 아들이라는 것을 인정하지 않았다. 그는 당시 독일의 자유주의 사상에 따라 기독교를 하나의 윤리 종교로 생각했고 자신의 사상에 따라 아프리카에서 종교 활동을 한 것뿐이다.

왜 이런 사람이 구원을 받을 수 없는가?

성경은 사람은 누구나 죄인이고 그 죄의 결과 영원한 멸망을 받을 수밖에 없다고 분명하게 기록한다(롬 3:23; 6:23). 따라서 사람은 누구나 사형수이며 사형수는 다른 사형수를 위해 두 번 죽을 수가 없다. 다만 죄가 없으신 예수님만이 죄인을 위해서 죽어 사람들을 구원할 수 있다. 이 예수님을 믿지 아니하면 결코 구원을 받을 수 없다. 의를 인하여 혹은 그리스도를 인하여 고난을 받지 아니하면 하나님으로부터 아무런 보상을 받을 수 없다.

셋째, 의를 인하여 핍박을 받을 때 신자가 취해야 할 반응은 기뻐하고 즐거워하는 것이다.

그들이 기뻐해야 하는 이유는 심령이 가난한 자와 마찬가지로 천국을 상속받기 때문이다. 그런데 한 가지 그들에게는 천국에서 상이 크다고 말하고 있다. 오늘날 천국에서 상급이 있느냐 없느냐에 대하여 신학적인 논쟁이 많지만 필자는 우리가 생각하는 형태의 상급이 아니라 할지라도 어떤 형태에서든지 핍박을 받는 자는 더욱 큰 보상을 받게 되리라고 생각한다. 해와 달과 별의 영광이 다르듯이 어떤 이가 이 땅에서 성취한 의의 정도에 따라 천국에서 그의 영광은 다를 것이다.[2]

팔복의 말씀은 하나님의 백성의 성품을 가르쳐 주며 하나님의 백성의 성품은 "의"가 되어야 할 것을 알려 준다. 하나님으로부터 은혜를 체험한 자는 다른 사람을 불쌍히 여기고 용서할 줄 안다. 그들은 세상이 아닌 하나님 한 분에게만 마음을 고정하고 하나님과 동행하기에 힘쓴다. 그들은 하나님이 가장 원하시는 것, 즉 세상에 화평을 주기 위해서

---

[2] 이에 대한 근거로 나는 단 12:3("지혜있는 자는 궁창의 빛과 같이 빛날 것이요 많은 사람을 옳은 데로 돌아오게 한 자는 별과 같이 영원토록 빛나리라")과 고전 15:41("해의 영광이 다르고 달의 영광이 다르며 별의 영광도 다른데 별과 별의 영광이 다르도다")을 든다. 구원 받은 성도들은 하늘의 모든 별들이 아름답듯이 아름다울 것이다. 하지만 별들의 빛깔과 빛의 양이 구별되듯이 그리스도의 형상을 닮은 정도에 따라 성도들이 다른 빛과 영광을 드러낼 것이다.

노력한다. 그러나 화목케 하는 직책을 수행하는 데는 반드시 핍박과 고난이 따르게 되어 있다. 왜냐하면 기독교인들은 진리에 관한 한 결코 세상과 타협하지 않기 때문이다. 이러한 핍박에도 불구하고 하나님 나라와 의를 구하는 자에게 천국의 축복이 주어진다.

언젠가 조지 횟필드의 전기를 읽고 깊은 감명을 받은 적이 있다. 횟필드는 삼대째 목회자의 아들로 어려서부터 목회를 위해 훈련을 받아 왔다. 그는 옥스퍼드대학교에 입학해서도 집안이 가난해서 기숙사의 다른 친구들의 방을 청소하면서 열심히 공부했다. 그럼에도 불구하고 그는 하나님 앞에서 의롭고 경건하게 되기 위해서 기도와 금식과 성경 공부와 경건서적 읽기를 게을리하지 않았다. 그는 얼마 후에 동일하게 경건생활에 열정적이었던 거룩한 모임(Holy Club)에 참여했다. 여기에는 감리교의 창시자라 불리는 요한 웨슬리와 그의 형제 찰스 웨슬리 그리고 모라비안 선교사로 유명한 진젠도르프 등이 회원으로 있었다.

조지 횟필드는 하나님 앞에 의로워지기 위해서 일주일간을 최소한의 음식을 먹으며 기도로 하나님과 사투를 벌였다. 그는 로마서 8:15-16에서 우리가 의롭게 되고 구원을 얻는 것이 우리의 행위나 노력이 아닌 하나님의 성령의 역사로 하나님의 아들이 되는 것임을 깨닫는다.

> 너희는 다시 무서워하는 종의 영을 받지 아니하고 양자의 영을 받았으므로 우리가 아빠 아버지라고 부르짖느니라 성령이 친히 우리의 영과 더불어 우리가 하나님의 자녀인 것을 증언하시나니(롬 8:15-16).

그런데 그는 오직 은혜로 의롭게 되고 구원을 얻었다고 해서 이전의 경건한 생활을 그만둔 것이 아니다. 그는 그의 평생토록 은혜로 더욱 경건해지도록 노력했다. 그는 역사상 가장 많은 대중에게 설교한 사람으로 알려졌으며, 그가 영국을 떠나면서 자신의 야외 강단을 요한 웨슬리에게 맡겨 감리교가 탄생하게 했다. 또 미국으로 건너가 수많은 사람들을 변화시켰는데 이들 중에는 조나단 에드워즈가 있었다. 그가 조나단 에드워즈의 교회에 초청을 받아 설교함으로, 조나단 에드워즈로 하여금 미국의 부흥운동을 일으키게 했다. 그는 평소에도 자신을 드러내지 않았고 죽으면서도 자신의 비석을 세우지 말라고 하여 오직 그리스도와 복음만을 높였다.

이처럼 교회사에는 미지근한 대중보다는 경건한 소수를 통하여 하나님이 역사를 이루신 경우가 많다. 이 하나님의 사람들은 자신의 죄를 심각하게 여기고 의로운 삶을 살려고 노력하는 가운데 오직 은혜로 구원을 얻는다는 진리를 깨달았다. 그들은 이 진리를 깨달은 후에도 평생토록 그리스도의 은혜로 얻어지는 의를 갈망했다

산상수훈에서 팔복의 말씀은 여덟 가지의 다른 복이 아니라 하나님의 나라 안에서 누릴 수 있는 평안과 기쁨을 말하고 있다. 이 기쁨과 평안은 하나님의 백성이 의로운 삶을 살때 누릴 수 있다. 따라서 그리스도인들은 하나님 나라 안에서 하나님과 다른 사람들과 바른 관계를 이루며 살아야 한다. 즉 "하나님을 사랑하고 네 이웃을 네 몸과 같이 사랑하라" 이것이 산상수훈의 핵심이다.

생각하기

1. 저자는 어떤 사람이 다른 사람을 긍휼히 여길 수 있다고 했는가?

2. 다음 구절들에서 마음이 청결하다는 것은 어떤 의미를 가지고 있는지 생각해 보라.

   - 시편 24:3-6, 야고보서 4:8
   - 마태복음 23:25-28

3. 우리가 어떤 이유로 인하여 핍박을 받을 때 천국을 소유하고 하늘에서 상급을 받는다고 했는가?
   지금 내가 하나님의 말씀을 따르기 위하여 받는 고난이나 핍박이 있는가?
   다음 구절들을 읽고 핍박과 고난이 그리스도인의 삶의 일부임을 믿고 감사드리라.

   - 누가복음 9:23-24
   - 마가복음 10:30
   - 디모데후서 3:12

4. 저자는 우리가 자신의 죄를 용서하지 못하고 사랑하지 못하면 이웃에게 관대할 수 없다고 하였다.
   내가 과거에 지은 죄 중에 아직 하나님께 고백하지 않는 것이 있는가?

혹은 고백했다고 해도 아직도 용서받지 못했다는 죄의식에 사로잡혀 있는가?

그렇다면 다음 구절들을 묵상하면서 하나님의 용서를 받아들일 수 있게 해 달라고 간구하라.

- 요한일서 1:9
- 예레미야 31:34
- 시편 103:8-14

제5장

그리스도인의 역할과 율법의 완성
(마 5:13-20)

1. 그리스도인의 역할(5:13-16)

> 그리스도인은 소금처럼 세상을 살 맛이 나게 해야 하며 빛처럼 세상 사람들에게 바른 길을 제시해 주어야 한다.

예수님은 하나님의 나라에 관하여 비유를 많이 사용하셨다.[1] 예수님

---

1   비유는 전혀 성격이 다른 두 가지를 서로 연관시키는 것이다. 우리는 비유를 통하여 다음의 세 가지 과정을 경험한다. 첫째 과정에서 우리가 기존에 우리가 가지고 있던 개념이나 경험 등이 충격적으로 파괴된다(1). 그런데 이 두 가지를 어떤 매개를 통하여 연관으로, 우리는 비유를 공감하고 그것을 제시하는 사람에게 동화된다(2). 비유는 우리에게 공감과 동화를 줄 뿐 아니라 더 나아가, 우리로 하여금 전혀 다른 세계관을 재정립하게 된다(3). 예컨대, 구약에서 하나님을 주로 아버지, 왕, 목자라는 남성의 이미지로 비유한다. 하지만 구약 내에는 하나님을 여성으로 묘사하는 경우도 있다. 예를 들어 사 49:14-15에서 "오직 시온이 이르기를 여호와께서 나를 버리시며, 주께서 나를 잊으셨다 하였거니와 여인이 어찌 그 젖 먹는 자식을 잊겠으며 자기 때에서 난 아들을 긍휼히 여기지 않겠느냐 그들은 혹시 잊을 찌라도 나는 너를 잊지 아니할 것이라"고 한다. 또 사 66:11에 "너희가 젖을 빠는 것같이 그 위로하는 품에서 만족하겠고 젖을 넉넉히 빤 것같이 그 영광의 풍성함을 인하여 즐거워하리라"라고 하였는데 그 이유는 "어미가 자식을 위로함같이" 여호와께서 그 백성을 위로할 것이기 때문이다 (사 66:13). 여기에서 여호와를 젖먹이는 여인으로 묘사하고 있다. 이것은 기존의 여호와에

이 비유를 사용하신 이유는 하나님의 말씀을 숨겨서 악인들은 깨닫지 못하게 하고 겸손한 자들은 더욱 깊게 깨닫게 하시려는 것이다. 주님은 남자들의 농사일, 여자들의 길쌈 등의 일상적인 삶 가운데 일어난 일들을 가지고 하나님 나라의 감추어진 비밀을 드러내셨다. 본문에서는 그리스도인의 역할을 소금과 빛의 역할을 통하여 가르쳐 주셨다.

첫째, 소금의 비유를 살펴보자.

> 너희는 세상의 소금이니 소금이 만일 그 맛을 잃으면 무엇으로 짜게 하리요 후에는 아무 쓸 데 없어 다만 밖에 버려져 사람에게 밟힐 뿐이니라 (마 5:13).

누가 소금인가?

여기에서 "너희"라고 했다. 그들은 제자들이요, 천국백성이다. 좀 더 자세히 말하면, 앞에 있는 말씀대로 천국백성의 성품대로 살아가는 사람을 말한다.

이들은 어디에서 소금인가?

세상에서의 소금이다. 교회 내에서 보면 분명 그리스도인 같은데 세상에서 보면 그리스도인 같지 않는 사람들이 너무나 많다. 그러나 주님은 너희는 교회나 수도원에서 소금이 아니라 세상에서 소금이 되어야

대한 우리의 기존 관념을 파괴시키는 것이다(1). 그런데 이 말씀들을 통하여 우리는 젖먹이는 여인의 끊을 수 없는 자기 자식에 대한 사랑을 하나님과 연관을 시키게 된다(2). 이러한 모방의 과정을 거쳐 우리가 기존에 알았던 관념 즉 하나님=남성, 아버지라는 도식이 파괴되고 하나님은 성을 초월해 계신 분이라는 새로운 세계관을 창출한다(3).

한다고 하셨다. 우리가 이 세상에서 해야 할 역할이 있다는 것이다.

그렇다면 소금의 역할이 무엇인가?

대부분의 사람들이 주님이 말씀하는 소금의 역할은 부패를 방지하는 것이라고 말한다. 예전부터 그렇게 알고 있어서 단 한 사람도 여기에 대하여 의문을 제기하지 않고 믿어 의심하지 않는다. 그런데 이같이 생각하는 것은 성경을 제대로 읽지 않아서이다. 소금과 그리스도인은 아무런 관련이 없다. 그런데 주님께서 이 둘을 맛을 낸다는 점에서 일치시켰다. 주님은 "소금이 만일 그 맛을 잃으면 무엇으로 짜게 하리요"라고 하셨다. 원어를 백 번 읽어봐도 이보다 더 정확히 번역할 수 없다. 당시 이스라엘 사람들에게도 소금은 맛을 내는 것 외에도, 방부제로도, 약으로도, 제사 드리는 데에도 쓰였다. 오늘날에도 소금은 염료, 화약재료, 표백제, 의약품, 탄산수를 만드는 등 1,400군데 정도에 쓰인다.

그렇다면 그리스도인이 소금이니까 이 모든 역할을 다 해야 하는가? 소금은 이러이러하기에 우리 그리스도인들도 이러이러해야 한다고 주장하면 그것은 문자적 해석이 아니라 알레고리적인 해석이다. 필자가 소금의 부패방지 역할을 거부하는 것은 첫째는 주님이 그런 말씀을 하신 적이 없기 때문이며, 둘째는 잘못된 것을 연관시키면 잘못된 고정관념을 낳기 때문이다. 여기에서 소금의 부패방지의 역할을 말하게 되면, 그리스도인은 더러운 세상을 썩는 데서 방지하는 소극적인 역할을 하게 된다.

그리스도인은 결코 그런 소극적인 역할을 하라고 부름을 받지 않았다. 소금이 음식물의 전체에 스며들어 맛을 내듯이 그리스도인들은 적극적으로 세상을 변화시키는 사람으로 부르심을 받았다. 이것은 빛의 역할과 같으며, 주님이 하나님 나라를 누룩에 비유하신 것과 같다. 누룩은 작은 것이되 밀가루 서 말에 조금 넣었을 때 전체를 변화시키는 역할을 하는 것이다.

계란 후라이나 고등어 구이를 소금 없이 어떻게 먹을 수 있는가?

이와 같이 세상은 그리스도인들이 없이는 활력이 없다. 오늘 이 세상은 무미건조하고, 매일 들려오는 사건 사고의 소식으로 우리는 세상에 대해 무감각과 회의에 빠진다. 언젠가 방송에서 그렇게 부유하지 않은 한 농부가 마을의 가난한 분들을 위해서 매일 식사를 대접한다는 소식을 들었다. 이런 좋은 사람들의 소식을 접할 때 세상은 아직도 살 만하며 아름다운 곳이라는 생각이 든다. 세상을 살 맛나고 활기차게 만드는 것이 우리 그리스도인의 역할이다.

이 소금이 제 역할을 감당하지 못할 때는 아무 쓸 데도 없어 다만 밖에 버려져서 사람들에게 밟히게 된다고 한다. 오늘 우리는 바닷물에서 나는 소금을 그대로 쓰는 것이 아니라 몇 번을 정제하여 쓰기에 어떻게 소금의 모양은 그대로 있는데 짠맛이 없을 수 있는지 이해하지 못한다. 그러나 당시 팔레스타인의 소금은 보통 습지에서 나고 또 산에서도 나는데 석회석과 같은 불순물이 많이 섞여 있었다. 그래서 날씨가 습할 때에 소금덩이에서 염분만 빠져나가 모양은 소금 같으나 소금기가 없는 하얀 알갱이들이 있었다. 실제로 이런 것을 지붕 위에 버리거나 길가에 버리곤 했다.

이와 같이 모양은 소금 같은데 소금의 맛이 나지 않는 것이 있는 것처럼 모양은 그리스도인 같은데 삶은 그리스도인이 아닌 자들이 있다. 주님은 이런 자들에게 아무런 쓸데가 없어 밖에 버려져 사람들에게 밟힐 것이라고 경고하셨다.

둘째, 그리스도인의 빛의 역할에 대해 살펴보자.

주님은 다시 제자들에게 "너희는 세상의 빛이라"고 말씀하셨다. 이 말씀 역시 우리에게 충격을 주는 말씀이다. 우리는 하나님이 빛이라는 것을 알고 있고(요일 1:5) 예수님께서 흑암에 앉은 백성에게 빛이 되신다(마 4:16)고 들었다. 그런데 주님은 그리스도인이 세상의 빛이라는 것이다.

"주님! 이 혼탁하고 어두운 세상이 보이지 않습니까, 우리에게 당신의 빛을 속히 보여 주소서."

우리는 이렇게 부르짖고 있지는 않은가?

이때에 "네가 빛이 되어라"라고 주님이 말씀하신다. 한 번은 제자들이 광야에서 굶주린 백성들을 위하여 다음과 같이 말씀을 드렸다.

"주님 이 무리를 가까운 고을로 보내사 먹을 것을 사먹게 하소서."

이때 주님이 말씀하셨다.

"너희가 먹을 것을 주어라."

바울은 빌립보서 2:15-16에서 성도들이 하나님의 흠 없는 자녀로 세상에서 그들 가운데 빛들로 나타나며, 생명을 주는 말씀을 드러내기를 소망하였다.

계속해서 에베소서 5:8-9에서도 이렇게 말했다.

> 너희가 전에는 어둠이더니 이제는 주 안에서 빛이라 빛의 자녀들처럼 행하라 빛의 열매는 모든 착함과 의로움과 진실함에 있느니라(엡 5:8-9).

빛에도 수십 가지의 역할이 있으나 여기서는 오직 어둠을 밝히는 기능만을 말씀하셨다. 여기에서 빛은 부정적으로는 결코 숨길 수 없다고 하셨다. 우리 성경에 "산 위에 있는 동네"라고 쓰인 곳은 사실은 동네보다는 도시를 말한다. 고대는 오늘날처럼 밤이 대낮처럼 밝지 않았다. 온 천하가 어두움으로 휩싸여 있을 때 산 위에 세워진 도시에서 퍼져 나오는 불빛들은 마치 등대처럼 온 땅을 비추고 있었을 것이다.

또 빛은 긍정적으로 말 아래 감추려고 등불을 켜는 것이 아니라 온 집안 사람들에게 비추기 위하여 등경 위에 둔다고 했다. 여기에서 "말"이란 우리말에 "되로 주고 말로 받는다"고 할 때의 말이다. 열 되가 한 말이니까 18리터 정도의 분량을 말한다. 그러므로 하나님의 백성은 세상에 숨길 수도 없거니와 오히려 더 적극적으로 세상 사람들에게 빛을 비추기 위해서 존재한다. 여기에서 빛을 비추는 것이란 복음을 전하고 선한 행동을 하여 사람들을 진리로 인도하는 것을 말한다.

빛을 비춘다고 해서 자신이 한 선한 행동을 자랑하고 돌아다니라는 것이 아니다. 우리는 선한 행동을 할 때 오른손이 하는 것을 심지어 왼손도 모르게 해야 한다. 하지만 빛은 언젠가는 드러나게 되어 있다. 그것도 어두움이 깊으면 깊을수록 빛은 더욱 찬란하게 비친다. 우리가 선한 행동을 하는 궁극적인 목적은 하나님께 영광을 돌리려는 것이다. 그러나 만일 천국백성이 빛을 비추지 못하면 오히려 하나님의 이름이 욕을 먹게 된다.

내가 강의했던 신학교에서 만난 한 교수님께 깊은 감명을 받은 적이 있다. 이 교수님은 오래도록 목회를 하고 싶은 마음이 있었으나 여러 가지 사정으로 신학교에서 강의만 하고 있었다고 한다. 그런데 하나님의 은혜로 늦은 나이에 소속 노회의 전폭적인 지원을 받아 개척교회를 시작하게 되었다. 그는 자신이 바라고 기도했던 일이 이루어져서 목회를 하는 것이 참으로 행복하다고 말씀하셨다.

한 때 그는 자신과 큰 교회의 목회자들을 비교하며 낙심한 적이 있었다고 하셨다. 그러던 어느 날 밤에 도시의 거리를 걷고 있었을 때, 가로등과 네온사인들의 불빛을 보고 깨달음을 얻었다. 그 불빛들은 모양도 색상도 크기도 다르지만 모두가 아름답게 보였다. 그는 자신도 하나님 앞에서 이 작은 불빛 가운데 하나와 같다는 것을 깨달았다. 그래서 다른 빛을 부러워할 필요 없이 자신만이 가지고 있는 독특한 빛을 발하면 하나님께서 아름답게 여기실 것이라는 생각이 들었다. 그래서 그 뒤로는 남을 부러워하지 않고 행복하게 목회하고 있다고 하셨다.

이 땅에는 아직도 그와 같이 소금과 빛과 같은 진실한 그리스도인들이 많다. 그들로 인하여 하나님의 나라가 견고해지고 확장되고 있다.

2. 율법의 완성(5:17-20)

> 예수님께서는 율법을 폐지하러 오신 것이 아니라 성취하러 오셨다. 따라서 그리스도인들 역시 율법이 폐지되었다고 생각할 것이 아니라 율법의 근본 원리와 의미를 깨달아 삶 가운데 실천해야 한다.

이제 율법의 완성 부분(5:17-20)을 살펴본다. 예수님은 마태복음

5:17에서 다음과 같이 말씀하셨다.

> 내가 율법이나 선지자를 폐하러 온 줄로 생각하지 말라 폐하러 온 것이 아니요 완전하게 하려[2] 함이라(마 5:17).

예수님은 그 당시의 사람들이나 미래의 사람들이 자신에 대해서 오해할 수 있는 여지를 미연에 방지하기 위하여 이런 말씀을 하셨다. 예수님의 가르침은 너무나 급진적이라서 율법과 선지자를 폐하고 전혀 새로운 종교를 창시하시려는 것으로 당시의 사람들이 오해할 수 있었을 것이다.

그러나 예수님은 구약성경의 권위를 인정하셨고 그의 말씀은 근본적으로 구약의 말씀과 일치하였다. 여기에서 율법과 선지자란 마태복음 7:12; 11:13; 22:40 등에 언급된 대로 구약성경 전체를 말한다. 예수님은 이 구약성경을 폐지하러 오시지 않았다. 예수님의 모든 말씀과 행동은 구약성경이 말한 하나님의 모습과 정확히 일치한다. 예수님의 말씀이 비록 구약의 말씀과는 일치해도 유대인들의 전통적인 가르침이나 당시의 바리새인과 서기관들의 구약 해석과는 일치하지 않았다.

예수님은 구약을 성취하러 오셨다.

어떻게 그리스도가 구약을 성취했는가?

첫째, 예수님은 구약의 모든 약속과 언약을 성취하셨다.

---

[2] 우리말 성경에 "완전하게 하려"라는 번역은 율법이 부족하여 예수께서 더 하려고 오신 것처럼 오해할 여지가 있어 이렇게 번역했다. 대부분의 영어 성경들(NIV, NKJV, NASB)은 "성취하려"(to fulfill)로 기록하고 있다.

창세기 3:15에서는 여자의 후손[3]이 궁극적으로 뱀의 후손에게 승리를 얻을 것을 예언하셨다. 그런데 여자의 후손들의 대표인 예수님이 사탄의 세력을 물리치고 죽음의 문제를 해결해서 하나님의 백성들에게 승리를 주셨다. 창세기 12:1-3에서는 아브라함의 후손으로 말미암아 천하 만민이 복을 얻을 것이라고 했는데 예수님으로 말미암아 온 인류가 구원과 복을 얻게 되었다. 사무엘하 7:14에는 다윗의 후손 가운데 하나님의 아들이 태어나서 하나님의 성전을 세우고 하나님의 나라를 영원히 견고케 하신다고 했는데, 예수님은 영적인 성전 즉 교회를 세우심으로 이 언약을 이루셨다. 이 밖에도 선지자들은 종말에 메시아가 이 땅에 임하여 하나님의 나라를 세우겠다고 했고, 예수님이 오셔서 이를 성취했다(예를 들어 사 61:1-3; 마 11:5).

둘째, 예수님은 구약 율법의 모든 요구, 특별히 제사의 요구를 성취하셨다.

레위기 16:8-10에 보면 이스라엘의 대속죄일에 속죄를 위하여 두 마리의 염소가 드려졌다. 한 마리는 속죄제의 제물로 바쳐졌고 다른 한 마리는 광야로 보내졌다. 이같이 하는 것은 이 염소가 백성의 죄를 짊어지고 백성으로부터 멀리 떨어져서 죽게 하려는 것이다. 우리말 성경에 "아사셀"을 위하여 보내졌다고 했는데 이를 번역하면 "[죄의] 완전한 제거"라는 뜻이다. 이 속죄의 염소와 같이 예수님은 백성의 죄를 지고 예루살렘 성문 밖에서 죽임을 당하셨다. 그런데 예수님이 인류의 죄를

---

[3] 여기에서의 "후손"은 집합 명사이기에 예수님 개인을 의미하지 않는다. 다시 말해서 하나님의 백성들을 말한다. 사도 바울이 이것을 분명히 알기 때문에 롬 16:20에서 "평강의 하나님께서 속히 사탄을 너희 (하나님의 백성들) 발 아래에서 상하게 하시리라"고 하였다. 다만 그리스도가 이 말씀을 성취하셨다고 하는 것은 예수님은 하나님의 백성들의 대표로서 사탄과 싸워 하나님의 백성들에게 승리를 가져왔다.

속죄하시기 위해서는 그에게 죄가 하나도 없어야 했기에 그가 먼저 율법의 요구를 모두 지켰다.

만약에 율법의 요구 중에 단 하나라도 어기었다면, 그는 우리의 죄를 대신하여 죽어도 아무런 소용이 없었을 것이다. 왜냐하면 죄가 하나도 없는 사람만이 죄 있는 사람을 위해 대신 죽을 수 있기 때문이다. 따라서 사탄은 공생애 이전에 예수님을 시험한 후에도 그의 생애 동안 끊임없이 예수님을 시험하였다. 누가복음 4:13에도 "마귀가 모든 시험을 다 한 후에 얼마 동안 떠나니라"고 기록한다. 하지만 그는 모든 시험에서 승리하셨고 의로웠기 때문에 부활할 수 있었고 우리 죄를 용서할 수 있는 것이다(히 4:15).

셋째, 율법의 최종 목적은 하나님의 백성이 의롭게 되어 구원을 얻는 것인데 예수님이 이 목적을 성취하셨다.

예수님은 우리를 위해 죽으시고 우리를 의롭게 하셨다. 그러므로 로마서 10:4에서 이렇게 말씀했다.

> 그리스도는 모든 믿는 자에게 의를 이루기 위하여 율법의 마침이 되시니라(롬 10:4).

그런데 그리스도가 우리의 의가 되셨다고 해서 우리가 율법의 요구에서 벗어났거나 율법이 폐지되었다는 것이 아니다. 성령께서 예수님을 믿는 자에게 율법을 능히 실천할 수 있도록 도와주신다. 히브리서 9:13-14에서 말씀했다.

> 염소와 황소의 피와 및 암송아지의 재를 부정한 자에게 뿌려 그 육체를 정결하게 하여 거룩하게 하거든 하물며 영원하신 성령으로 말미암아 흠 없는 자기를 하나님께 드린 그리스도의 피가 어찌 너희 양심을 죽은 행실에서 깨끗하게 하고 살아 계신 하나님을 섬기게 하지 못하겠느냐(히 9:13-14).

이 말씀에 나타난 것처럼 그리스도의 값비싼 피는 우리를 살아계신 하나님께 순종할 수 있게 하신다. 구약의 모든 언약은 하나님의 약속과 사람의 책임이라는 두 가지 요소를 포함하고 있다. 출애굽기 19:5-6의 "너희가 내 말을 잘 듣고 내 언약을 지키면"이라는 말씀은 우리가 지켜야 할 책임이다. 반면에 "너희는 열국 중에서 내 소유가 되겠고 너희가 내게 대하여 제사장 나라가 되며 거룩한 백성이 되리라"는 말씀은 하나님의 은혜이자 약속이다.

마찬가지로 그리스도의 새 언약도 약속뿐만 아니라 우리의 책임도 포함되어 있는 것임을 알아야 한다. 예컨대 마태복음 11:28-30에서 예수님은 이렇게 말씀하셨다.

> 수고하고 무거운 짐 진 자들아 다 내게로 오라 내가 너희를 쉬게 하리라 나는 마음이 온유하고 겸손하니 나의 멍에를 메고 내게 배우라 그리하면 너희 마음이 쉼을 얻으리니 이는 내 멍에는 쉽고 내 짐은 가벼움이라 하시니라(마 11:28-30).

이와 같이 주님을 따르는 데도 멍에와 짐이 있다. 하지만 주님이 함께 그 짐을 져주시고 성령께서 도와주시므로 그것이 무겁지 않다.

언젠가 기독교 백주년을 기념하는 기도회에서 조모 목사가 자신이 복음을 너무나 값싸게 전했다는 것을 회개했다는 기사를 읽었다. 필자는 과연 그가 본 훼퍼가 『나를 따르라』라는 책에서 말한 하나님의 값비싼 은혜에 대해서 이해하고 그렇게 기도했는지 의심스러웠다. 히틀러가 전쟁을 일으켰을 때 본 훼퍼는 미국의 신학교에서 윤리교수로 재직하고 있었는데 동려들의 만류에도 불구하고 오히려 본국으로 돌아갔다. 그는 나치 치하에서 신학생들과 공동생활을 하며 그 정권에 반대하다가 히틀러 암살단에 참여했다는 죄목으로 독일이 항복하기 직전에 젊은 나이에 사형을 당했다.

『나를 따르라』에서 그는 많은 사람들이 그리스도의 은혜를 너무나 값싸게 여긴다고 말했다. 우리가 하나님의 은혜를 공짜로 받았다고 해서 그것이 결코 값싼 것이 아니라는 것이다. 하나님의 은혜가 값비싼 것은 천하보다도 귀한 그리스도의 피를 대가로 지불했기 때문이며, 바로 그 하나님의 은혜로 말미암아 능히 모든 것을 버리고 "나를 따르라"는 주님의 명령에 순종할 수 있기 때문이라고 그는 역설했다. 따라서 은혜를 값싸게 여긴다는 그의 말은 진정으로 죄에서 돌아섬이 없이 회개한다고 말하는 것과 자신을 돌이켜보지 않고 눈물 없이 성만찬에 참여하는 것과 그리스도를 믿노라하면서 자신을 버리고 주님을 따르지 않는 것에 대한 비판과 탄식이었다.

디도서 2:11-12을 보면, "모든 사람에게 구원을 주시는 하나님의 은혜가 나타나 우리를 양육하시되"라고 한다. 여기에서 "양육하다"라는 동사는 여성 단수형이다. 11절에서 주어가 될 수 있는 여성 단수는 "은혜"라는 단어 하나이다. 따라서 12절 말씀에 따르면 은혜가 우리를 양육하신다. 12절을 계속 읽으면 은혜가 "우리를 양육하시되 경건치 않는 것과 이 세상 정욕을 다 버리고 근신함과 의로움과 경건함으로 이 세상에 살"게 한다고 말한다.

계속해서 14절에도 "그가 우리를 대신하여 자신을 주심은 모든 불법에서 우리를 구속하시고 우리를 깨끗하게 하사 선한 일에 열심하는 친 백성이 되게 하려 하심이니라"라고 한다. 하나님의 값비싼 은혜가 우리를 구원한다. 그 은혜가 우리로 하여금 능히 율법을 지킬 수 있게 한다.

넷째, 예수님은 율법의 근본 원리와 의미를 더욱 분명하게 가르쳐 주심으로 율법을 성취하셨다.

예수님은 살인하지 말라는 계명을 형제에 대해 분노하는 것과 그 분노로 인해서 인격을 모독하는 것에까지 적용시켰다. 왜냐하면 우리의 모든 죄가 마음에서 비롯되기 때문이다. 간음에 관한 계명에서도 모세의 율법이 이혼을 허용한 것은 우리 사람이 연약해서 하나님께서 허락하셨지 본래 의도하신 것이 아니라는 것을 가르쳐 주셨다. 이렇게 하여 우리로 하여금 율법에 대한 문자적인 실천보다도 하나님의 뜻을 분별하여 원래 하나님께서 율법에 의도하신 뜻을 따를 수 있게 하셨다.

이제 왜 예수님이 율법을 폐지하지 않고 성취하러 오셨는가를 살펴보자.

첫째, 마태복음 5:18에서 율법은 영원하고 확고하기 때문이라고 하셨다.

진실로 너희에게 이르노니 천지가 없어지기 전에는 율법의 일점 일획도 결코 없어지지 아니하고 다 이루리라(마 5:18).

원어에는 "아멘, 그러므로 내가 너희에게 이르노니 …"라고 되어 있다. "아멘"을 먼저 말하는 것은 예수님만의 독특한 어법으로 예수님이 자신의 권위로 말씀을 강조하여 전달하실 때만 사용하신다. 예수님은 천지가 존재하는 한 율법이 계속해서 존재하며 율법의 모든 것이 전부 이루어진다고 말씀하신다.

여기에서 "일점일획"에서 일점이란 헬라어의 가장 작은 글자 "이오타(ι)"나 히브리어의 "요드(י)"를 말한다. 일획이란 히브리어의 "달렉(ㄱ)"과 "레쉬(ㄱ)"와 같은 차이를 말한다. 주님은 율법의 조항 중에 사소한 것이라도 변화시키고 약화시키는 것을 원치 않으셨다. 칼빈은 율법을 도덕법, 시민법, 의식법으로 나누고 도덕법은 지켜야 하고 시민법과 의식법은 폐지되었다고 하였다. 그런데 율법은 그렇게 단순하게 나눠지지 않는다.

우리가 도덕법이라 부르는 십계명 중에서 안식일에 관한 계명을 생각해 보자. 우리는 율법을 문자 그대로 지키는 것이 아니라 율법을 주신 본래의 원리와 의미를 지킨다.

안식일 법이 도덕법인데 왜 토요일에 그대로 지키지 않는가?

하지만 구약에서 안식일의 의미는 창조주 하나님을 기억하고 구원의 하나님께 감사하며 육체의 안식과 함께 이웃과 동물에 대한 배려를 포함하고 있다. 우리는 예수님이 부활하여 재창조를 이루신 주일에 이 모든 의미를 동일하게 적용하여 지킨다.

이제 의식법에 대해서 살펴보자. 바울은 빌립보서 2:17에서 이렇게 말한다.

> 만일 너희 믿음의 제물과 섬김 위에 내가 나를 전제로 드릴지라도 나는 기뻐하고 너희 무리와 함께 기뻐하리니(빌 2:17).

여기에서 바울은 성도의 믿음에서 나오는 봉사를 하나의 제사로 보았다.[4] 바울은 이 제사 위에 자신을 "관제"로 드릴지라도 기뻐하리라고 했다. 여기에서 "관제"란 다른 말로 "전제"로 제사의 제일 마지막에 포도주를 제물에 부어 주는 것을 말한다. 바울은 자신의 죽음이 성도들이 드리는 삶의 제사 위에 더해져서 그들의 삶이 하나님께서 기쁘게 받으시는 제사가 될 수만 있다면 그것으로 기뻐하겠다는 것이다. 구약의 제사는 제사를 드리는 자가 자신을 대신해서 제물을 드리는 것이다.

오늘날 우리는 제물이 아닌 우리 자신을 하나님과 다른 사람을 위한 희생과 봉사의 제물로 드려야 한다. 구약의 의식법은 결코 폐지되지 않았다. 그 원리와 의미는 우리의 삶과 예배에 그대로 반영되어야 한다.

둘째, 예수님은 율법을 성취하러 오신 이유에 대해 마태복음 5:19-20은 율법이 우리를 심판하는 기준이 되기 때문이라고 말한다.

우리가 얼마나 율법에 순종하였느냐에 따라서 우리의 심판과 상급의 크기가 결정된다.

> 그러므로 누구든지 이 계명 중의 지극히 작은 것 하나라도 버리고 또 그같이 사람을 가르치는 자는 천국에서 지극히 작다 일컬음을 받을 것이요 누구든지 이를 행하며 가르치는 자는 천국에서 크다 일컬음을 받으리라(마 5:19).

---

4 NIV에서 이 부분을 "너희 믿음에서 나오는 제사와 봉사 위에 …"라고 번역했다.

이 말씀은 그리스도의 제자는 반드시 다른 사람을 가르치는 사람이 되어야 할 것을 보여 준다.

제자는 자신의 가정과 교회와 직장과 사회에서 반드시 가르치는 자가 되어야 한다. 다만 그러할 때 주의할 것은 하나님의 말씀을 가르치는 자는 구약의 율법이 그리스도 안에서 성취되어 폐지되었다고 쉽게 말해서는 안 된다. 남녀 사이의 결혼제도나 안식일이나 십일조와 같은 계명들을 무시하고 가르치는 것은 하나님 앞에서 바르지 못하다. 또한 말씀을 가르치는 자는 말로만 가르치지 말고 그 말씀을 실제로 실천하고 가르쳐야 한다. 그 사람이 하나님의 나라에서 더 크다 인정을 받는 다고 했다. 예수님은 마태복음 5:20에서 다음과 같이 말씀하셨다.

> 내가 너희에게 이르노니 너희 의가 서기관과 바리새인보다 더 낫지 못하면 결코 천국에 들어가지 못하리라(마 5:20).

이 말씀은 결코 우리의 행위가 구원을 받는 조건이라는 말은 아니다. 참된 믿음은 반드시 율법에 대한 순종으로 나타나게 되어 있다. 우리는 자꾸만 서양의 이원론을 따라 자꾸 믿음과 순종을 분리하는 경향이 있는데 동양의 전통적인 사상은 지행합일의 사상이다. 즉 믿음 혹은 지식과 순종은 하나이다. 요한복음 3:35-36에서도 "아들을 믿는 자와 순종하는 자"에게 영생이 있다고 하였다.

또한 하나님의 백성의 의가 서기관과 바리새인들보다 나아야 한다는 말은 서기관과 바리새인들보다 양적으로 많은 계명을 지키라는 말이 아니다. 계명을 질적으로 더 낫게 지키라는 말이다. 바리새인들은 안식일을 기억하여 거룩하게 지키라는 말을 수십 가지의 규정을 만들어 놓고 그것들을 지키면 안식일 계명을 지켰다고 했다.

예를 들어 안식일의 규정에는 "1.1km 이상 걸어서는 안 된다. 불을 피워서는 안 된다. 아이 몸무게 이상 들어서는 안 된다" 등의 규정이 있다. 한 외국인이 이스라엘을 여행하던 중에 겪은 일이다. 그가 머물던 호텔에서 유대인의 아이가 방안에 갇혀서 나오지 못하고 있었다. 그 방의 문은 한번 닫히면 안쪽에서는 못 열고 밖에서 열쇠로 열 수 있게 되어 있었다고 한다. 아이의 부모는 열쇠를 가지고 있었음에도 그날이 안식일이고 자신들은 유대인이기에 문을 열 수가 없으니 이 외국인에게 자신들을 대신해서 열쇠로 문을 열어 달라고 부탁했다고 한다.

안식일에 자신들이 직접 문을 여는 것과 다른 사람에게 부탁해서 문을 여는 것이 무엇이 다른가?

아무튼 예수님 당시의 바리새인들은 하나님의 절대적인 율법을 상대화시켜서 613가지 규정만 지키면 율법을 다 지킨 것으로 생각했다. 그렇기 때문에 예수님은 누가복음 11:42에서 말씀하셨다.

> 화 있을진저 너희 바리새인이여 너희가 박하와 운향과 모든 채소의 십일조는 드리되 공의와 하나님께 대한 사랑은 버리는도다 그러나 이것도 행하고 저것도 버리지 말아야 할지니라(눅 11:42).

이 말씀과 같이 예수님이 성취하셨다고 해서 율법이 없어진 것이 아니다. 예수님은 율법 속에 들어있는 깊은 뜻을 우리에게 가르쳐 주시고 우리에게 이것을 실천할 수 있도록 도와주신다.

생각하기

1. 마태복음 5:13을 읽고 다음 물음에 대답하라.

   (1) 여기에서 누가 소금이라고 했는가?

   (2) 어디에서 소금이라고 했는가?

   (3) 본문에서 소금의 역할은 무엇이라고 했는가?

   (4) 소금의 역할을 감당하지 못할 때 어떻게 될 것인가?

2. 마태복음 5:14-16을 읽고 다음 물음에 대답하라.

   (1) 마태복음 4:16에서는 누가 빛이라고 하였는가?

   (2) 본문에서 빛의 역할은 무엇이라고 했는가?

   (3) 다음 구절들을 읽고 우리가 어떻게 빛의 역할을 감당할 수 있는가를 답하라.

   - 빌립보서 2:15-16
   - 에베소서 5:8-9

   (4) 우리가 빛의 역할을 감당해야 하는 궁극적인 목적은 무엇인가?

3. 본문에서 예수님께서 어떻게 율법을 완성시켰다고 했는가?
   네 가지 내용을 기록하라.

4. 왜 주님이 율법을 폐지하지 않고 성취하러 오셨는가?
   그 두 가지 내용을 기록하라.

제6장

천국백성의 법 1
: 율법과 대조하여(마 5:21-48)

산상수훈에서는 5:21-6:34이 본론에 해당한다. 여기에는 하나님의 백성이 지켜야 할 계명에 대해서 말씀하되 율법(5:21-48)과 유대주의(6:1-18)와 물질주의(6:19-34)와 대조한다. 예수님은 그리스도인의 계명에 대해 말씀하실 때 계명 자체에 대해서 대조하신 것은 아니다. 예수님이 말씀하실 때에는 계명에 대하여 전통적인 가르침과 당시 사람들이 지키고 있었던 관행과 대조하여 주의 계명을 말씀하셨다.

이를 통하여 예수님은 율법을 주신 근본 원리와 깊은 의미를 보여 주셨으며 그리스도인들에게는 율법의 요구보다 더 많은 것을 요구하셨다. 여기에서 언급하신 율법의 계명은 살인(21-26절), 간음(27-32절), 맹세(33-37절), 보복(38-42절), 그리고 원수(43-48절)에 대한 것이다.

1. 살인(5:21-26)

> 살인은 마음속의 분노에서 비롯되기에 하나님의 백성은 형제에 대한 분노와 분노로 인해 형제를 모독해서는 안 된다. 또한 그들은 형제와 다른 사람을 분노하게 하는 행동을 해서도 안 된다.

예수님은 살인에 관한 계명에 대해 말씀하셨다. 앞서 언급했듯이 예수님은 살인에 관한 계명뿐만 아니라 "옛 사람에게 말한바 … 너희가 들었으나"라고 하심으로 유대인의 전통적인 가르침과 당시 사람들에 대한 관행을 포함하여 말씀하셨다.

"살인하지 말라"는 십계명의 여섯 번째 계명(출 20:13; 신 5:17)과 살인자에게 행할 재판법에 관한 말씀이 바로 그것이다(신 16:18; 대상 19:5 이하). 구약의 배경에서 살인해서는 안 되는 이유는 사람이 하나님의 형상으로 지으심을 받았기 때문이다(창 9:5, 6).

하나님의 형상으로 지으심을 받았다는 것은 사람은 하나님의 대리자로 하나님을 대신해서 이 세상을 다스리는 왕으로 지음을 받았다는 것을 의미한다(창 1:26-28). 사람은 동물과는 전적으로 구별되어 하나님의 모습을 반영하고 있는 존귀한 존재이다. 그러므로 사람이 절대로 자신과 남을 해롭게 해서는 안 된다.

예수님은 살인에 관한 계명을 실제 행동에 옮기는 것뿐만 아니라 마음의 동기까지도 포함시켰다. 원문에 의하면 이 계명에 대하여 말씀하실 때, "나 자신은, 그러나, 너희에게 이르노니"라고 시작하심으로 율법보다 더 큰 권위로 말씀을 선포하셨다.

> 나는 너희에게 이르노니 형제에게 노하는 자마다 심판을 받게 되고 형제를 대하여[1] 라가라 하는 자는 공회에 잡혀가게 되고 미련한 놈이라 하는 자는 지옥 불에 들어가게 되리라(마 5:22).

주님은 마음의 분노를 살인의 계명에 포함시켰다. 왜냐하면 이 분노에서 살인이 출발하기 때문이다. 그런데 살인의 계명을 형제와의 관계에서 말씀하셨다. 여기에서 형제란 이방인과 구별된 자들을 말한다.

> 또 너희가 너희 형제에게만 문안하면 남보다 더하는 것이 무엇이냐 이방인들도 이같이 아니하느냐(마 5:47).

이 말씀에서 형제란 이방인과 구별된 존재였다. 오늘 우리들에게 이 형제란 "그리스도인"으로 적용할 수 있다. 예수님은 불신자에 대한 분노보다 형제에 대한 분노를 더 심각하게 여기셨다. 이는 우리가 의를 인하여 불신자들에 대해 분노해야 하고 그들의 잘못을 지적해야 할 필요가 더욱 많기 때문이다. 요한일서 3:15에도 형제를 미워하면 살인자요 살인자에게는 영생이 없다고 말씀하셨다.

다음으로 마음의 분노뿐 아니라 이 분노로 말미암아 형제의 인격을 모독하는 일을 지적하셨다. 여기에서 형제에 대하여 "라가"라고 말하는 것을 살인죄와 동일시하셨는데 이 말은 '머리에 든 것이 없는 자,' '미련한 자'라는 말로 우리말의 '골빈 놈'이라는 것과 같다.

그 다음 구절에서는 "미련한 놈"이라는 표현도 앞의 "라가"와 다름없는 '어리석은 자'라는 말이다. 예수님은 같은 단어를 사용하여 서기관들에게 "어리석은 자요 소경"이라고 질책을 했다(마 23:17). 따라서 우리는 형제가 아닌 자의 잘못을 지적할 수 있다. 하지만 형제가 아니더라도 의를 위한 것이 아니라 단지 머리가 나쁘다는 이유로 욕을 할 수는 없다. 왜냐하면 사람의 인격을 모독하는 것은 그를 죽이는 것과 같은 죄이기 때문이다.

그들이 받을 형벌을 말씀하실 때 점층법이 사용되었다. 형제에게 노하는 자마다 "심판을 받는다"고 할 때 이는 지방 법정에서 판결을 받는다는 것이다. 또한 "공회"라는 것은 예수님이 재판을 받으신 유대의 최고의 법정 '산헤드린'(Sanhedrin)이다. 마지막으로 "지옥 불"을 언급하셨다. 원문에는 "게헤나(Gehenna)의 불"이라고 기록되어 있다. "게헤나"는 예루살렘 남서부의 '힌놈 골짜기'를 가리킨다. 이곳은 과거 이스라엘 백성이 몰렉 우상에게 자식을 불태워 드린 곳이었다(렘 7:31). 예수님 당시에는 이 골짜기에 계속해서 불을 피워놓고 배설물을 태웠다.[1]

이런 이유로 당시의 사람들은 게헤나의 불을 지옥불과 연관시켰다. 예수님의 말씀은 형제에게 분노하거나 이 분노로 인하여 형제를 모욕하는 자는 사람의 법정과 하나님의 법정에서 심판을 받는다는 것이다.

다음으로 예수님은 형제와 화목 하는 것이 예배보다 급하고 중요한 일이라고 하셨다(23-24절). 우리가 형제에게 분노하는 것은 올바르지

---

[1] Donald A. Hagner, *Word Biblical Commentary*, *Volume 33a: Matthew* 1-13 (Dallas, Texas: Word Books, Publisher) 1998.

않지만 형제로 하여금 우리에게 분노를 갖게 해서도 안 된다. 기도와 예배는 마음에서 비롯되어야 한다. 내가 형제에게 분노를 품거나 형제의 마음에 상처를 주어서 화나게 한다면 하나님 앞에 나아갈 수 없다.

그러면 하나님께서 우리의 기도나 예배와 예물을 받지 않으신다. 그러므로 우리는 우리의 기도가 막힐 때면 내가 누구에게 원망 들을 일을 하지 않았는가를 생각해 보아야 한다. 앞의 구절이 형제와의 관계에 대해서 말씀하셨다면 25-26절은 이방인과의 관계를 말하고 있다. 형제를 화나게 해서도 안 되고 이방인들을 화나게 해서도 안 된다.

우리가 다른 사람에게 빚을 지고 고소당할 만한 일을 했다면 즉시 해결해야 한다. 그렇지 않으면 감옥에서 조금이라도 남김없이 다 갚기 전에는 결코 나올 수 없다. 26절에서 우리말로 "한 푼"이라는 단어는 헬라어는 "고드란트"이며 이는 로마의 가장 작은 단위의 화폐를 말한다. 오늘날 가치로 정확히 환산하기가 어렵기에 영어로는 1페니 한국어로는 1원으로 보아도 무방하다.

잠언 6:1-11에서도 "다른 사람에게 보증을 서주고 즉시 해결하지 않는 자는 어리석은 자"라고 했다. 이 어리석고 게으른 자는 가난하게 된다고 했다. 그리스도인은 다른 사람에게 화를 내어 미련하다고 욕을 해서도 안 되고 다른 사람을 화나게 하는 미련한 사람이 되어서도 안 된다.

생각하기

1. 창세기 9:5-6에서 사람이 살인을 하게 되면 어떻게 될 것인가?
   그리고 살인하지 말아야 할 이유는 무엇 때문이라고 했는가?

2. 마태복음 5:22에서 예수님은 형제들에게 어떻게 하는 자들이 어떤 벌을 받을 것이라고 했는가?(참고 "라가"- '텅 빈'이라는 뜻으로 우리말에 '골빈 놈'과 비슷)
   요한일서 3:15에서 누가 살인자의 형벌을 받는다고 했는가?
   왜 그렇다고 생각하는가?

3. 마태복음 5:23-24에서 하나님께 예배와 예물 드리는 것보다 시급한 것은 무엇이었는가?
   그 이유는 무엇인가?

4. 마태복음 5:25-26과 앞 구절의 23-24절과는 어떤 관계가 있는가?
   어떤 문제에 관하여 즉시 해결하라고 했는가?

2. 간음(5:27-32)

> 예수님은 간음도 마음에서 비롯되기 때문에 마음속의 음욕도 간음이라 하셨고 부부는 한 몸이기 때문에 정당한 사유 없이 이혼하는 것도 간음이라 하셨다.

예수님은 두 번째로 간음에 관한 계명에 대해 말씀하신다. 히브리어나 헬라어에서 "간음"이란 단어는 "어떤 사람이 결혼한 사람과 부적절하게 성관계를 맺는 것"을 의미한다. 비록 결혼하지 않는 사람들 사이의 부적절한 관계 역시 십계명의 제7계명에 포함되지만 이를 구체적으로 명시하지 않는 것은 그 외의 성범죄에 대하여는 율법의 다른 부분에서 자세하게 기록했기 때문이다(참고 신 22:13-30).

주님께서 이 계명에 대해서 특별하게 말씀하신 것은 당시의 이스라엘 사람들이 이 계명에 대해서 오해하고 있었기 때문이다. 주님은 이 죄를 마음속의 생각에까지 적용시키셨다(27-28절). 왜냐하면 살인이든지 간음이든지 우리의 모든 행동은 마음에서 비롯되기 때문이다.

우리가 보고 듣는 모든 것은 마음에 쌓이며 그것이 어느 순간 행동으로 나온다.

컴퓨터로 청소년들이 잔인한 게임을 즐기다가 가상 세계와 현실 세계를 구별하지 못해 실제로 살인과 간음을 저지른 예들이 얼마나 많은가?

따라서 우리는 컴퓨터나 텔레비전으로 영화나 비디오를 보고 듣는 데 있어 매우 주의해야 한다. 우리가 악한 것을 보고 들으면서 죄를 짓지 않기를 바라는 것은 마치 가슴에 불을 가지고 타지 않기를 바라는 것과 같다. 잠언 6:27-29에 이렇게 기록한다.

> 사람이 불을 가슴에 품고 자기 옷을 태우지 않을 수 있겠느냐?
> 사람이 숯불 위를 걷고도 그의 발들이 데지 않겠느냐?
> 이웃의 아내와 동침하려고 들어가는 자도 이와 같으니, 그 여자를 만지는 자는 모두 벌을 면치 못할 것이다(바른성경, 잠 6:27-29).

예수님은 간음에 관해 말씀하시면서 다음과 같이 말씀하셨다. "오른 눈이 너로 죄를 짓게 하거든 빼어버리라. 오른 손이 너로 죄를 짓게 하거든 찍어버리라."

이 말씀은 문자 그대로 "눈을 빼고, 손을 찍어 버리라"는 것이 아니다. 하지만 우리가 그만큼 죄에 대하여 심각하게 생각하라는 말이다. 도박한 사람들 중에 도박하지 않겠다고 손가락을 잘라버리는 사람이 많다. 하지만 손가락이 다 낫기도 전에, 붕대를 손에 감고 또 도박을 하러 간다. 마음이 변하지 않는 한 아무리 눈을 빼고 손을 잘라도 소용이 없다. 마음이 변화되기 위해서는 아무리 노력해도 소용이 없다. 이것은 오직 하나님의 은혜와 성령의 능력으로만 가능하다.

주님은 간음하는 자는 지옥 불의 형벌을 받을 것을 경고하셨다. 오늘날 복음주의자들까지도 사람이 믿고 회개하지 않아도 지옥 형벌을 받지 않을 것이라는 주장을 한다. 하지만 성경에서 지옥에 대해서 가장 많이 말씀하신 분은 예수님이다. 예수님은 지옥의 형벌이 얼마나 무서운지 가장 잘 아시기에 우리에게 이렇게 경고하셨고 우리가 이 형벌에 처하지 않도록 자신의 목숨을 버리셨다.

삼손의 생애가 우리에게 큰 교훈이 된다. 삼손은 이스라엘 백성을 블레셋으로부터 구원하기 위하여 사사로 부르심을 받았다. 하지만 그는 살면서 눈으로 많은 죄를 범하였다. 사사기 14:2-3에서 삼손은 한 블레셋 여인을 보고 그를 좋아하게 되었다. 삼손은 그의 부모에게 그 여인과 결혼하고자 한다고 말했다. 그의 부모는 이방 여인과 결혼하는 것을 좋아하지 않았지만 삼손은 "그녀가 내 눈에는 좋게 보이니(원문의 3절 하반절)" 그 여인을 아내로 데려와 달라고 하였다.

또한 사사기 14:8-9에서 삼손은 사자의 시체를 보고 거기에 꿀이 있는 것을 발견하였다. 그는 나실인이라 부정한 음식을 먹지 않아야 했음에도 불구하고 그것을 먹었다. 사사기 16:1도 삼손이 가사에서 한 창녀를 보고 그에게로 들어갔다고 기록한다. 그는 결국에 블레셋 사람들에 의해 눈이 뽑히고 끌려가 온갖 고초를 다 겪었다(16:21). 그런데 그는 눈이 뽑히고야 자신의 사명을 깨달았고 그가 생전에 죽인 블레셋 사람들보다 더 많은 사람들을 죽이고 그의 과업을 달성했다. 그러므로 그는 히브리서 11:32에서 믿음의 사람들 중에 한 명으로 인정을 받았다. 하나님께서 눈으로 범죄하던 삼손에게 그의 눈을 잃게 하셔서 사명을 완수하게 하신 것은 우리에게 경종이 된다.

필자는 앞서 "만일 네 오른 눈이 너로 실족하게 하거든 빼어버리라"와 같은 말씀이 문자 그대로 지켜야 된다는 것이 아니라고 했다. 하지만 교회사에서 오리겐과 같은 학자는 이 말씀을 문자 그대로 받아들여 자신의 몸의 일부를 잘라냈다. 성경에 대한 바른 해석도 중요하지만 하나님의 말씀을 소중히 여겨 문자 그대로 행한 사람들은 우리의 존경을 받아 마땅하다.

주님께서는 마태복음 5:31-32에서 이혼을 간음과 연관하여 말씀하셨다. 주님께서 인용하신 구절이 들어 있는 신명기 24:1-4을 살펴보자.

> 사람이 아내를 맞이하여 데려온 후에 그에게 수치되는 일이 있음을 발견하고 그를 기뻐하지 아니하면 이혼 증서를 써서 그의 손에 주고 그를 자기 집에서 내보낼 것이요 그 여자는 그의 집에서 나가서 다른 사람의 아내가 되려니와 그의 둘째 남편도 그를 미워하여 이혼 증서를 써서 그의 손에 주고 그를 자기 집에서 내보냈거나 또는 그를 아내로 맞이한 둘째 남편이 죽었다 하자 그 여자는 이미 몸을 더럽혔은즉 그를 내보낸 전남편이 그를 다시 아내로 맞이하지 말지니 이 일은 여호와 앞에 가증한 것이라 너는 네 하나님 여호와께서 네게 기업으로 주시는 땅을 범죄하게 하지 말지니라(신 24:1-4).

한 남자가 결혼을 했는데 남자의 아내에게서 수치가 되는 일이 발견되었다. 여기에서 수치가 되는 일이란 결혼 전에 다른 남자와 관계를 맺었거나 혹은 결혼 후에 다른 사람과 관계를 맺은 것을 말한다. 이런 경우에는 신명기 22:20-22에서는 "돌로 쳐서 죽이라"고 했다. 그런데 "만일 남편이 아내를 불쌍히 여겨서 그녀를 죽이지 않고 싶으면 이혼 증서를 써서 내보내 주라"고 했다. 따라서 이혼을 허락한 근본 이유는 상대방에 대한 미움이 아니라 자비와 관용에 있었다.

또한 이 말씀에는 세 가지 조건과 하나의 명령이 있다.

세 가지 조건은 다음과 같다.

① 아내의 부정을 발견하고 이혼증서를 써주었거든
② 아내를 데려간 남자도 또 이혼 증서를 주었거든
③ 혹은 그 아내를 취한 남자가 죽었거든

명령은 단 한 가지로 "아내를 한 번 보낸 남자가 전아내와 재혼하지 말라"는 것이다. 물론 이혼한 배우자가 다른 사람과 결혼하지 않았다면 다시 재결합할 수 있다.

신명기의 말씀은 예수님의 말씀과 조금도 다르지 않다. 그런데 예수님이 신명기의 이혼에 관한 계명을 언급하신 것은 당시 사람들이 이 계명을 잘못 이해하고 있었기 때문이다. 마태복음 19:4-9에 한 바리새인이 예수님께 어떤 이유에서든지 사람이 그 아내를 버리는 것이 옳은가를 물었다. 이 바리새인이 이렇게 물은 것은 당시 바리새인들은 아내의 부정이 있을 때 "이혼증서를 주라"는 말씀을 아내가 요리를 잘못하거나 집안 청소를 잘하지 않거나 접시를 깨끗이 닦지 않을 때에도 이혼 증서를 줄 수 있다고 설명했기 때문이다. 예수님은 이혼을 반대하시면서 창조의 법칙을 인용하셨다. 남자와 여자가 결혼하는 것은 창조 때 하나님이 정하신 것이다.

그러므로 둘은 한 몸이기에 절대로 나눠져서는 안 된다. 모세가 율법에서 이혼증서를 내어 주라고 하는 것은 우리가 연약하기 때문에 허락한 것뿐이었다. 율법은 하나님이 우리에게 요구하신 최대한의 것이 아니라 최소한의 요구사항이다. 그럼에도 불구하고 우리 주님도 율법과 동일하게 배우자의 부정이 있을 때에는 이혼을 허용했다. 사도 바울은 고린도전서 7:15에서 믿지 아니한 배우자가 이혼하기를 강하게 주장할 때 이혼하는 것을 허용했다. 그러나 바울은 이혼을 허용하면서도 되도록 부부 사이에 화목할 것을 당부한다(7:15하-16).

그러면 왜 아내와 이혼하면 그녀를 간음하게 한 것인가?

하나님 편에서는 부부가 어떤 이유로 헤어졌든지 그 둘은 한 몸이다. 따라서 아내가 이혼하여 다른 남자와 결혼하면 그녀는 간음했다. 그렇다면 부당하게 아내를 버린 사람이 그녀로 간음하게 한 것이다. 그런데 아내가 이미 부정을 저질러서 헤어졌다면, 그것은 아내가 이미 간음했으니까 남편에게는 그 책임이 없다. 그리고 버림받은 여인과 결혼한 남자도 간음하였다고 했다.

오늘날 강단에서 이와 같은 말씀을 함께 나누기엔 너무 어렵다. 너무도 많은 성도들이 이 말씀에 위배가 되기 때문이다. 하지만 이미 말씀을 어긴 사람들은 하나님께 진실하게 고백하며 죄 용서의 은혜를 구하여야 한다. 그들은 자신의 과거에 슬퍼하기보다는 하나님께서 원하시는 경건하고 의로운 삶을 살도록 노력해야 한다. 또한 교회 공동체의 다른 사람들은 아무도 이 간음죄에서 자유로운 사람이 없기에 이들을 정죄하기보다는 바른 삶을 살 수 있도록 격려해야 한다.

생각하기

1. 마태복음 5:28에서 주님은 어떤 사람이 간음하였다고 했는가?

2. 마태복음 5:29-30을 읽어 보라.
   (1) 여기에서 "네 오른 눈이 너를 실족하게 하거든 빼어버리라"와 "네 오른 손이 너를 실족하게 하거든 찍어 내버리라"라는 말씀을 문자 그대로 지켜야 하는가?
   (2) 주님께서 왜 이런 말씀을 우리에게 주셨다고 생각하는가?

3. 신명기 21:1-4을 읽어보라.
   (1) 1절에서 어떤 경우에 이혼 증서를 내어 주라고 했는가?
   (2) 아내에게 이혼 증서를 주는 마음의 동기는 무엇인가?
   (3) 이 구절에서 세 가지 조건은 무엇이며 한 가지 명령은 무엇인가?

4. 간음에 관한 주님의 말씀을 통해 새롭게 깨달은 것은 무엇이 있는가?
   내가 회개할 내용이 있는가?
   내가 습관적으로 짓는 죄가 있다면 어떻게 이것에서 자유로울 수 있겠는가?

3. 맹세(5:33-37)

> 그리스도인은 하나님에게든지 사람에게든지 맹세는 하지 않도록 노력해야 한다. 그러나 한 번 맹세를 했다면 반드시 이를 지켜야만 한다.

예수님은 이제 맹세에 대하여 말씀하신다.

> 또 옛 사람에게 말한 바 헛 맹세를 하지 말고 네 맹세한 것을 주께 지키라 하였다는 것을 너희가 들었으나(마 5:33).

구약에서 맹세는 하나님께 약속한 것뿐만 아니라 법정이나 다양한 계약관계에 있어서 하나님의 이름으로 증언하거나 약속한 것을 포함하고 있다. 예를 들어 민수기 30:2에서는 "사람이 여호와께 서원하였거나 마음을 제어하기로 서약하였거든 파약하지 말고 그 입에서 나온 대로 다 행할 것이니라"라고 하여 하나님께 약속한 것을 지키라고 했다. 또한 레위기 19:12은 "너희는 내 이름으로 거짓 맹세함으로 네 하나님의 이름을 욕되게 하지 말라 나는 여호와니라"고 하여 다양한 경우에 하나님의 이름으로 약속한 것을 언급하였다.

그런데 "나는 너희에게 이르노니 도무지 맹세하지 말지니…"(34절)라는 말씀을 보면 주님께서 맹세를 절대로 하지 말라고 하신 것처럼 보인다. 하지만 이 말씀은 맹세를 전적으로 금하신 것이 아니라 역설적으로 맹세는 반드시 지키라는 강조의 말씀이다.

실제로 러시아 정교회나 16세기에 재세례파(Anabaptist) 등은 이 말씀에 따라 어떤 경우에도 맹세를 금하였다. 그런데 예수님은 산헤드린 법정에서 대제사장이 하나님의 이름으로 그가 하나님의 아들 그리스도인지를 말하라고 했을 때 그렇다고 대답을 하셨다(마 26:63-64). 예수님은 친히 맹세하시고 그 제자들에게는 도무지 맹세하지 말라고 하실 리가 없다. 우리는 살면서 다양한 경우에 맹세를 하게 된다. 예를 들어 결혼식에서 서약을 하며 법정에서 진실만을 말할 것을 약속한다. 이렇게 맹세할 때에는 반드시 그 맹세를 지켜야만 한다.

그렇다면 왜 예수님은 맹세를 하지 말라고 했을까?

이것은 당시의 유대인들이 관습적으로 맹세를 남용했기 때문이다. 당시 서기관들과 바리새인들은 성전으로 맹세하면 안 지켜도 되고 성전의 금으로 맹세하면 반드시 지켜야 된다고 했다(마 23:16). 그들은 또한 제단으로 맹세하면 안 지켜도 되고 제물로 맹세하면 지켜야 된다고 했다(마 23:18).

이렇듯이 예수님은 그들이 맹세를 헛되이 하기에 이것을 금하신 것이다. 예수님은 "하늘로도 맹세하지 말라"고 했다. 왜냐하면 하늘은 하나님의 보좌이기 때문이다(34절). 예수님은 "땅으로도 말라"고 했다. 왜냐하면 땅은 하나님의 발등상이기 때문이다. 주님은 "예루살렘으로도 말라"고 했다. 왜냐하면 예루살렘은 하나님의 성이기 때문이다(35절). 주님은 "우리 머리로도 말라"고 했다. 왜냐하면 우리의 머리털까지도 주장하신 분은 하나님이기 때문이다(36절).

결국에 그 무엇으로 맹세해도 하나님의 이름으로 맹세한 것과 같다. 그러기에 맹세하지 말라고 하신 것이다. 따라서 우리는 되도록 맹세하지 않도록 노력하되 맹세를 했다면 반드시 지켜야 한다.

창세기 15장에서 하나님은 고대 근동의 계약을 맺는 관습을 따라 아브라함에게 그의 후손과 가나안 땅을 맹세하셨다. 고대 근동에서는 소나 양 같은 동물을 반으로 쪼개고 그 사이를 계약의 당사자들이 지나갔다. 이것은 만약에 어느 한 쪽이 계약을 어길 때에는 그 동물처럼 쪼개질 것이라는 상징적인 행동이었다. 마찬가지로 아브라함은 삼 년 된 암염소와 삼 년 된 수양과 산비둘기 등을 취하여 그 중간을 쪼개어 서로 마주대어 놓았다. 새들은 쪼개기에는 너무 작아서 쪼개지 않았다. 그런데 아브라함의 이상 중에 "타는 횃불"이 그 쪼갠 고기 사이로 지나갔다고 했다. 이는 여호와께서 아브라함에게 약속하신 것을 자신의 생명을 담보로 지키시겠다는 의지의 표현이다.

성경에는 수많은 하나님의 약속과 언약들이 있다. 우리는 그 언약들이 우리의 삶에 이루어지기를 간절히 바란다. 그렇다면 우리 역시 하나님께서 언약을 지키신 것처럼 하나님과 사람에게 한 언약들을 지켜야 한다. 성경에서는 이같이 언약한 바를 지킨 자들을 믿음의 사람으로 칭송한다.

입다는 암몬 자손과 전쟁을 하기 전에 여호와께서 전쟁에서 승리하게 해 주시면 누구든지 자신의 집에서 나와서 그를 맞이한 사람을 하나님께 번제로 드리겠다고 서원하였다(삿 11:30-31). 하나님은 사람을 제물로 받지 않으시기에 이런 서원은 바람직한 것은 아니었다. 당시에 암몬 사람들은 그들의 그모스 신에 대한 열정의 표현으로 위기의 순간에 자신의 자식을 제물로 바쳤다(참고 왕하 3:26-27). 입다는 아마도 암몬 사람보다 더 하나님께 헌신해야 된다고 생각했었을 것이다. 입다가 전쟁에서 승리하고 오자 그의 집에서 무남독녀인 딸이 나와 그를 영접했다. 입다는 그의 서원대로 딸을 번제로 드렸다. 어떤 이들은 입다가 실제로 딸을 드리지는 않았을 것이라고 말한다. 하지만 그의 딸이 실제로 제물로 드려지지 않았더라면, 이스라엘 사람들이 해마다 나흘씩 입다의 딸을 기념하여 애곡하지는 않았을 것이다(삿 11:40). 입다는 비록 당시대의 악을 벗어나지 못한 연약한 사람이었으나 하나님께 서원을 갚음으로 믿음의 사람으로 인정받았다(히 11:32).

다윗은 사울 왕에게 쫓겨 다닐 때 요나단과 언약을 맺었다. 요나단은 여호와께서 다윗의 대적들을 물리칠 때에 자신과 자신의 후손들에게 "사랑"을[2] 베풀어줄 것을 다윗에게 요구하며 다윗은 이를 받아들인다(삼상 20:14-16). 다윗이 왕이 되고 나라가 평안해 질 때 다윗은 요나단과의 언약을 기억하고 요나단의 아들 므비보셋에게 "사랑"을 베풀어 사울의 재산을 그에게 물려주고 자신의 아들들처럼 왕의 식탁에 함께 참여하게 한다(삼하 9:1-13).

여호와께서 언약하신 것을 성취하실 것을 믿고 소망했던(왕상 2:4) 다윗은 자신이 다른 사람과 맺은 언약도 소중히 아는 위대한 사람이었다. 예수님이 우리에게 가르쳐 주신 것처럼 우리는 하나님에게든지 사람에게든지 결코 맹세하지 않도록 주의해야 한다. 그러나 만약 한 번 맹세를 했으면 반드시 지켜야 한다.

---

2 우리말에 "인자"로 번역된 히브리어 "헷세드"는 "변함없는 혹은 한결같은 사랑"으로 일반적으로 이해되나 여기에서는 "언약에 근거한 사랑"으로 볼 수 있다.

생각하기

1. 주님은 도무지 맹세하지 말라고 하시면서 어떤 것으로 맹세하지 말라고 했는가?

   그리고 그 이유는 무엇 때문인가?

   - 마태복음 5:34
   - 마태복음 5:35
   - 마태복음 5:36

2. 마태복음 26:63-64에는 예수님이 맹세하셨던 일을 기록하고 있다. 이것을 고려할 때 예수님이 도무지 맹세하지 말라는 말씀을 어떻게 이해할 수 있을까?

3. 창세기 15:1-21에서 하나님이 아브라함에게 언약(맹세)하신 내용에 대하여 살펴보라.

   하나님이 아브라함에게 무엇을 약속하셨으며 그것을 어떻게 보증하셨는가?

4. 다음의 인물들은 하나님과 사람에 대한 맹세를 어떻게 지켰는가?

   - 입다의 예(삿 11:30-40)
   - 다윗의 예(삼상 20:12-16; 삼하 9:1-8)

5. 민수기 30:1-8에서 어떤 경우에 맹세를 지키지 않는 것을 허용했는가?

6. 내가 하나님께 약속을 했으나 아직 지키지 못한 것이 있는가?
만일 있다고 한다면 그것을 어떻게 지킬 수 있겠는가?
만일 도저히 지킬 수 없는 형편이라면 하나님께 용서를 구하라. 그리고 하나님께 어떤 방식으로라도 약속을 지키게 해달라고 지혜를 구하라.

4. 보복(5:38-42)

> 예수님은 불의한 자가 우리에게 부당한 일을 행할 때 이를 보복하지 말고 오히려 그 보다 더한 것이라도 받아들이라고 하셨다.

예수님은 구약의 동해보복법(*Lex Talionis*)을 통해서 하나님의 백성이 자신에게 손해를 입힌 자에게 어떻게 행할 것인가를 말씀하신다.

> 또 눈은 눈으로, 이는 이로 갚으라 하였다는 것을 너희가 들었으나
> (마 5:38; 참고 출 21:24; 레 24:20; 신 9:21).

동해 보복법이란 고대 바벨로니아의 함무라비 법전(BC 1762)에도 나오는 법으로 "피해자가 자신이 받은 피해와 같은 정도의 손해를 가해자에게 가하는 보복의 법"이다. 이제 이 보복법이 들어 있는 출애굽기 21:22-27을 살펴보자.

이 법은 피해자가 가해자에게 직접 시행해야 할 법이 아니다. 이것은 재판관이 재판을 할 때 사용해야 할 형벌의 기준이다(출 21:22). 이 법에 의하면, 가해자가 어떤 사람의 눈을 상하게 했으면 그에 상응한 정도로 벌을 받도록 해야지 그것 때문에 사형을 시킨다든지 하는 등 그보다 더 크게 벌을 주어서는 안 된다.

재판의 목적 역시 피해자의 보복이 아닌 그가 받은 피해를 배상하려는 데 있다. 여기에서 어떤 임신한 여인이 피해를 입었을 때 이 법을 어

떻게 적용할 것인가 하는 구체적인 예를 기록하고 있다. 우리말 성경에 "사람이 서로 싸우다가 임신한 여인을 쳐서 낙태하게 하였으나 … "(출 21:22)라고 기록되어 있다. 그런데 히브리어 성경에는 그 여인의 아이가 "나왔다"라고만 기록되어있을 뿐 죽어서 나왔다는 말이 없다. 그래서 NIV 같은 많은 영어 성경들에서는 여인이 이 아이를 조산했다고 번역한다. 만일 이 아이가 무사히 나와서 아무런 해가 없으면 그 사람은 남편의 청구대로 벌금을 내야 했다. 그러나 이 아이가 죽어서 나오면, 이 아이의 생명에 상응하는 판결을 받아야 한다.

필자는 이 구절이 오늘날 낙태를 너무 쉽게 생각하는 사람들에게 경종을 울리는 말씀이라고 본다. 오늘날 가난한 십대의 미혼모가 남편도 모르는 아이를 임신했다면 주위의 사람들은 무조건 낙태를 권할 것이다. 예수님의 어머니가 바로 이런 사람이었다. 예수님이 지금 시대에 세상에 오시지 않는 것이 얼마나 다행한 일인지 모른다. 많은 이들이 어머니 뱃속에 있는 아이의 인격을 인정하려 하지 않는다.

그런데 어머니 뱃속에 들어선 지 6개월 정도 된 세례 요한이 이제 마리아 뱃속에 막 들어선 예수님을 보고 뱃속에서 기뻐했다는 사실은 무엇을 말하는가?

아이가 인격이 없다면 왜 태교가 필요한가?

우리는 아이가 부모에게 잉태된 순간 영혼도 함께 있다는 것을 믿는다.[3] 그러므로 그리스도인들은 낙태를 절대로 해서는 안 되며 사회가

---

[3] 개혁주의 전통은 하나님께서 아이가 잉태한 순간 영혼을 창조해 주신다고 믿는다. 그 외에 부모에게 영혼이 유전된다는 이론도 받아들인다. 그러나 창세 이전에 하나님께서 영혼을 미리 창조해 놓으셨다는 영혼선재설은 받아들이지 않는다.

낙태를 금지하도록 하는 일에 노력해야 한다.

구약성경의 이런 보복법의 취지와는 달리 당시 유대인들은 로마 사람들에게 많은 피해를 당하였기 때문에 이들에게 당한 것을 갚는 것을 당연하게 생각하였을 뿐 아니라 오히려 하나님에 대한 신앙의 표현으로 생각하였다. 예수님은 그러한 부당한 상황 가운데 하나님의 백성에게 개인적인 보복을 하지 말라고 권고하셨다. 예수님은 신체적으로 폭행할 때와 법으로 소송하여 해를 줄 때, 강제로 부역을 요구할 때와 물질을 요구할 때의 네 가지 구체적인 예를 들어 말씀하셨다.

첫째, 예수님은 5:39에서 '해를 주는 사람'이 악한 자라고 했다.

만일 내게 해를 주는 사람이 의로운 자이고 나의 잘못으로 해를 겪는 다면 우리는 그것을 당해도 그리 억울하지 않을 것이다. 그런데 예수님은 악한 자가 우리에게 부당한 일을 행해도 그를 대적하지 말라고 하셨다. 더구나 그가 의로운 자의 오른편 뺨을 때렸다고 했다. 만일 어떤 이가 오른편 뺨을 맞았다면 때리는 사람은 왼손으로 때렸든지 오른손 등으로 때렸을 것이다. 보통 오른손잡이가 많기에, 그가 손등으로 때렸다고 볼 수 있다. 손등으로 때리는 것은 손바닥으로 때리는 것보다 더 큰 수치와 모욕을 주는 일이다. 어린 시절에 부모님이든 선생님이든 누구에겐가 뺨을 맞았다면 누구나 그 기억을 오래도록 잊지 못할 것이다. 그만큼 뺨을 맞는 일은 마음의 상처가 되는 것이다.

그런데 예수님은 오른뺨을 치는 자에게 대항하지 말뿐 아니라 왼뺨도 돌려대라고 했다. 이는 악한 자가 해를 줄 때 그보다 더한 것이라도 받아들이라는 것이다. 예수님은 우리가 도저히 받아들이지 못할 요구를 하신 것이 아니다. 예수님은 친히 사람들에게 얼굴에 침 뱉음을 당하셨고 주먹과 손바닥으로 맞는 등의 부당한 일을 당하셨고 그 때에 자신이 하신 말씀대로 행하셨다(마 26:67-68; 27:30).

둘째, 예수님은 5:40에서 '법으로 고소하는 사람'에 대해서 말씀하셨다.

그 사람이 법을 들어서 속옷을 요구할 때 겉옷까지도 주라고 했다. 당시의 이스라엘에서 속옷보다 겉옷은 매우 값비싸고 요긴한 것이었다. 팔레스타인의 차가운 밤 기온으로 인하여 사람들은 밤에 겉옷을 이불처럼 사용했다.

그래서 신명기 24:12-13에서는 가난한 자의 겉옷을 전당물로 잡았다면 해가 질 때에는 반드시 그에게 돌려 주라고 했다. 왜냐하면 그 가난한 자가 그 겉옷을 덮고 잠을 잘 수 있기 위해서이다. 따라서 예수님이 속옷을 요구하는 자에게 겉옷을 주라는 것은 그 사람이 요구하는 것도 주고 자발적으로 그보다 더한 것이라도 주라는 것이다.

셋째, 예수님은 5:41에서 강제로 부역을 요구할 때에 대해 말씀하셨다.

당시 로마의 군대는 피정복민들에게 군대의 물품을 억지로 나르게 할 수 있었다. 마가복음 15:21에 보면 로마 군인들이 구레네 사람 시몬에게 억지로 예수님의 십자가를 지게 했다. 그런데 마가는 이 시몬을 "알렉산더와 루포의 아버지"라고 소개하였다. 이는 로마서 16:13에서 "주안에서 택하심을 입은 루포"를 언급하고 있는 것과 같이 마가복음이 전달된 당시에 시몬의 아들들이 그리스도인들에게 잘 알려져 있었기 때문이다. 시몬은 로마군대에 의해 강제로 주님의 십자가를 지었고 그 덕분에 그 아들들은 신앙생활을 잘 하였다. 주님은 이렇게 강제로 오

리를 가게 해도 십 리까지도 동행하라 하셨다.[4]

넷째, 예수님은 5:42에서 돈을 요구하더라도 들어 주라고 말씀하신다.

여기에서 돈을 빌려달라고 하는 자는 가난한 자가 아니라 권력이 있는 자가 강제로 돈을 요구하는 경우이다. 이렇게 보는 것이 앞 구절의 불의한 자에 대한 언급이나 43절 이하에서의 원수들에 대한 가르침과 문맥이 잘 연결된다. 그리스도인은 이런 부당한 일을 당해도 기꺼이 자신을 포기할 줄 알아야 한다. 그런데 이 말씀은 내게 갚을 능력이 없는 자가 물질을 부탁할 때에도 적용되어야 한다. 신명기 15:8은 "반드시 네 손을 그[가난한 자]에게 펴서 그 요구하는 대로 쓸 것을 넉넉히 꾸어 주라"고 말씀한다.

주님은 여기에서 그리스도인들이 악한 자에게 부당한 일을 당할 때 보복하지 말라고 하신다. 오히려 그가 요구하는 것보다 더한 것이라도 주어야 한다고 하신다. 사도 바울은 이 말씀에 따라 "아무에게도 악을 악으로 갚지 말고 모든 사람 앞에서 선한 일을 도모하라"(롬 12:17)고 당부했다. 그는 또한 "악에게 지지 말고 선으로 악을 이기라"(롬 12:21)고 하였다. 폭력과 불의한 방법으로 악한 자나 악한 세상을 변화시킬 수 없다. 사랑과 자비만이 이들을 변화시킬 수 있다.

---

[4] 한국 성경에 나온 5리는 2Km정도이다. 그런데 당시 로마의 1마일은 1.5Km정도이다. 따라서 본문은 "또 누구든지 너로 억지로 1.5Km를 가게 하거든 그 사람과 3Km를 동행하라"로 볼 수 있다.

생각하기

1. 출애굽기 21:24과 같은 동해보복법을 주신 목적이 무엇이라고 생각하는가?

   그리고 이 법이 개인이 적용해야 하는 법이 아닌 어떤 경우에 사용해야 하는 법이라고 했는가?

2. 여기에서 예수님은 그리스도인이 겪을 수 있는 네 가지의 부당한 일을 말씀했는데 그것들은 무엇인가?

   그리고 그러한 경우에 각각 어떻게 하라고 말씀하셨는가?

5. 원수(5:43-48)

> 그리스도인들은 하나님을 본받아 원수까지 사랑해야 한다.

여기에서 예수님은 우리와 우리 원수들과의 관계에 대해서 말씀하신다. 예수님은 이스라엘 사람들이 흔히 들어왔고 당연하게 여기는 "이웃은 사랑하고 원수를 미워하는 것"(43절)에 대해 언급하셨다. 당시의 이스라엘 사람들은 자신의 동포는 이웃으로 생각했고 사마리아인들을 포함한 이방인들이나 로마를 위해 봉사하는 세리들은 원수로 생각했다(마 18:17). 그리고 원수들에 대해서는 미워하는 것을 당연시하였다.

구약의 말씀에는 이웃을 사랑하라는 말씀은 있지만 원수를 미워하라는 말씀은 없다. 하지만 그들이 구약의 말씀을 오해하여 원수를 미워하는 것이 잘못이 아니라고 생각했을 수 있다.

> 원수를 갚지 말며 동포를 원망하지 말며 네 이웃 사랑하기를 네 자신과 같이 사랑하라 나는 여호와이니라(레 19:18).

이 말씀에서 분명 "원수"와 "동포"를 구별하고 있고 "동포"와 "이웃"이 붙어 있기에, 그들은 사랑해야 할 "이웃"은 오직 자기 민족만이라고 생각했을 것이다. 그런데 레위기의 같은 장에서 "너희와 함께 있는 타국인을 너희 중에서 낳은 자같이 여기며 자기같이 사랑하라"(19:33-34)라고 말씀하시는 것으로 보아 이방인들 역시 자신처럼 사랑해야 할 이

옷에 포함되는 것을 알 수 있다. 구약 가운데는 직접적으로 "원수를 미워하라"고 말씀하는 구절도 없으나 "원수를 사랑하라"고 말한 구절도 없다.

하지만 구약에서도 원수에게 자비를 베풀 것을 권하고 있다.

> 네가 만일 네 원수의 길 잃은 소나 나귀를 보거든 반드시 그 사람에게로 돌릴지며 네가 만일 너를 미워하는 자의 나귀가 짐을 싣고 엎드러짐을 보거든 그것을 버려두지 말고 그것을 도와 그 짐을 부릴지니라 (출 23:4-5).

여기에서 원수가 도움이 필요하거든 그를 외면하지 말고 도우라고 했다. 잠언에도 이런 말씀이 있다.

> 네 원수가 배고파하거든 음식을 먹이고 목말라하거든 물을 마시게 하라 그리 하는 것은 핀 숯을 그의 머리에 놓는 것과 일반이요 여호와께서 네게 갚아 주시리라 (잠 25:21-22).

여기에서 "핀 숯으로 그 머리에 놓는 것과 같다"는 것은 만일 원수에게 관용을 베푼다면 숯불이 철을 녹이듯이 하나님께서 그 사람의 마음을 변화시켜 주신다는 말이다. 우리의 원수가 벌을 받아 재앙을 받으면 우리에게는 아무런 유익이 없다.

그런데 그 사람이 변하여 우리의 친구가 된다면 우리에게 얼마나 유익이 되는가?

그러므로 잠언 16:7에서 다음과 같이 말씀한다.

> 사람의 행위가 여호와를 기쁘시게 하면 그 사람의 원수라도 그와 더불어 화목하게 하시느니라(잠 16:7).

원수에 대한 예수님의 말씀은 원수가 어려울 때 자비를 베풀라는 말씀보다 훨씬 더 나아간다. 예수님은 원수를 사랑하고 그를 위하여 기도하라고 하셨다(마 5:44). 원수를 사랑하는 일은 세상에서 가장 어려운 일이다. 그러나 예수님은 십자가상에서 원수를 위해 기도하심으로 우리에게 친히 본을 보여 주셨다.

> 이에 예수께서 이르시되 아버지 저들을 사하여 주옵소서 자기들이 하는 것을 알지 못함이니이다 하시더라(눅 23:34 상반절).

이렇게 원수를 사랑하는 자는 하나님의 아들의 특권을 누린다고 했다(마 5:45). 팔복의 내용에서도 화평케 하는 자는 하나님의 아들이라고 불린다고 말씀했다(마 5:9). 왜냐하면 아들은 그 아버지의 행동을 보고 그대로 따르게 되어 있기 때문이다. 하나님께서는 우리가 원수 되었을 때 우리를 사랑하셔서 그 아들을 보내 우리를 대신해서 십자가에 내어 주심으로 우리와 화목을 이루셨다.

우리에게 손양원 목사님과 같은 훌륭한 모범이 있는 것은 복된 일이다. 그의 두 아들 동인, 동신은 1948년 10월에 있었던 여순 반란 사건 중 공산주의자들에게 무참히 살해되었다. 이 살인에 가담했던 한 사람이 잡혀 사형집행을 당하게 되었을 때 손양원 목사님은 그의 석방을 탄원하였을 뿐 아니라 그를 자신의 아들로 입양하여 함께 생활하였다. 때로 우리에게 해를 입힌 사람을 용서할 수 없을 때 우리는 하나님의 사랑을 기억하면서 이런 신앙의 선조들을 본받으려고 노력해야 한다.

하나님은 세상 모든 사람을 창조하셨기에 믿는 자나 믿지 않는 자에게 아버지가 되신다. 그러기에 하나님께서는 모든 사람에게 일반 은총을 베푸신다. 하나님의 은총 가운데 사람들이 성실하게 일할 때 부요하게 하시고 병들었을 때 진료를 통해서 고쳐주신다. 간혹 잘못된 신앙을 가진 사람이 의학으로 고칠 수 있는 병도 그것을 거부하고 하나님의 특별한 은총을 구하는 경우가 있다. 그것은 하나님을 잘 모르거나 알고도 하나님을 시험하는 것이다.

우리는 하나님의 일반 은총을 믿지 않는 자와 공유하고 자연 질서가 파괴되어 큰 재앙이 임할 때에는 동일하게 피해를 입는다. 그러므로 창조주 하나님을 믿는 우리는 믿지 않는 사람이라고 불이익을 주어서는 안 된다. 그들 역시 하나님의 창조의 복을 누릴 수 있도록 힘써야 한다.

마태복음 5:46-47에서 예수님은 그리스도인들의 행위와 세리와 이방인들의 행위를 비교하셨다. 이것은 예수님이 이들을 차별해서가 아니라 당시의 유대인들이 이들을 자신들이 사랑해야 할 대상으로 생각하지 않았기 때문이다.

누가복음 10:25-37에 한 율법사가 예수님께 자신이 사랑해야 할 이웃이 누구냐고 물었다. 예수님은 유명한 선한 사마리아인의 비유를 말씀하셨다. 그리고 그에게 제사장과 레위인과 사마리아인 중에 누가 강도 만난 자의 이웃이 되겠느냐고 물었다. 이 율법사는 끝내 사마리아인이라고 말하기 싫어 "자비를 베푼 자니이다"(10:37)라고 대답했다.

결론적으로 주님은 "누가 내 이웃입니까?"라고 묻는 자에게 "네가 어려움을 겪는 자의 이웃이 되어라"고 대답하셨다. 그 이웃이 사마리아인과 같은 원수라 할지라도 어려움을 겪을 때 도움을 주라는 것이다. 우리의 이웃이 우리의 원수라 할지라도 이웃을 우리 자신의 몸과 같이 사랑하면 율법을 온전히 지킨 것이다. 하나님의 아들은 하나님의 온전함을 본받아 도덕적으로 완전해지도록 노력해야 한다.

생각하기

1. 예수님 당시의 유대인들은 자신이 사랑해야 할 이웃이 누구라고 생각했는가?

   또 어떤 사람들을 원수처럼 여겼는가?

2. 우리가 원수를 사랑해야 할 이유는 무엇인가?

   그리고 원수를 사랑하는 자에게 하나님이 주시는 특권이 무엇인가?

3. 선한 사마리아인의 비유를 읽어 보라(눅 10:29-37).

   (1) 율법사가 예수님께 한 질문은 무엇인가?(29절)

   (2) 예수님은 그에게 어떻게 대답하셨는가?(36-37절)

   (3) 이 비유의 중심 주제가 무엇인가?

4. 지금 나에게 큰 피해를 주고 있는 사람이 있는가?

   성령님을 의지하여 그를 용서하는 능력을 달라고 기도하라(롬 8:26-27).

   그리고 그를 위해 기도하고 또 내가 그를 위해 무엇을 할 수 있을 것인지 생각해 보라.

제7장

천국백성의 법 2
: 유대주의와 대조하여(마 6:1-18)

> 구제할 때 마음의 동기가 중요하다. 사람들에게 자신을 자랑하기 위해서 구제하면 하나님으로부터는 인정을 받지 못한다.

1. 구제(6:1-4)

예수님은 하나님의 백성의 법을 구약의 율법 중에 살인, 간음, 맹세, 보복과 원수에 대한 계명과 비교해서 말씀하셨다. 이제 예수님은 당시 유대인들이 가장 중요하게 여기던 세 가지의 계명, 즉 구제와 기도와 금식에 대하여 말씀하신다. 먼저 구제에 대해 살펴보기로 한다.

구제에 관한 예수님의 말씀에 대해 우리가 주의해야 할 것은 기도와 금식을 포함해서 구제는 하나님 앞에서 의로운 행위라는 것이다. 6:1에서도 구제를 말씀하시면서 "사람에게 보이려고 그들 앞에서 너희 의를 행치 않도록 주의하라"고 하셨다. 6:2에서는 "그러므로 구제할 때," 6:5에서는 "너희가 기도할 때," 그리고 6:16에서는 "금식할 때"라고 말씀하셨다. 이 말씀은 예수님의 말씀이 구제를 하느냐 마느냐의 문제가 아니라는 것이다. 하나님의 백성은 당연히 구제를 해야 한다. 다만 어떻게 구제를 하느냐가 문제이다.

너희 빛을 사람 앞에 비추게 하라(마 5:16).

이 말씀은 사람에게 의로운 행실을 보이라는 것인데 여기에서는 의로운 행실을 보이지 말라고 하신다(6:1, 4).
이 두 말씀 사이에 어떤 차이가 있는가?
문제는 마음의 동기다. 다시 말해서 의를 행할 때 하나님께 영광을 돌리기 위해서 하느냐 아니면 자기에게 영광을 돌리기 위해서 하느냐의 문제이다. 구제할 때에도 가난한 사람을 진정으로 불쌍히 여겨서가 아니라 자기를 자랑하기 위해 구제한다면 사람들에게는 인정을 받을지 모르나 하나님께는 인정받지 못한다.
예수님은 이렇게 자신의 영광을 위해서 구제하는 자를 "외식하는 자"라고 불렀다. "외식하다"라는 단어는 원래 "연기하다"라는 단어에서 나왔다. 고대 그리스에서는 남자만 배우가 될 수 있었고, 이들은 무대에서 가면이나 분장을 하고 연기를 하였다.
마찬가지로 외식하는 사람은 자신의 진정한 모습을 숨기고 의로운 모습으로 가면을 쓰고 연기를 하는 것과 같다는 것이다. 외식하는 사람들의 마음속에는 자신은 다른 사람보다 더 낫다는 교만이 자리 잡고 있다. 이들은 자신이 다른 사람보다 훌륭하다는 사실을 다른 사람들이 알아주기를 바란다.

예수님은 또 외식하는 사람들처럼 "회당과 거리에서 나팔을 불지 말라"고 하셨다. 이들이 당시에 실제로 회당과 거리에서 나팔을 불어서 가난한 사람을 불렀는지는 확실하게 알 수 없다. 아무튼 이 표현은 선한 일을 할 때에 많은 사람에게 알리기 위해 힘쓰지 말라는 것이다. 선한 일을 할 때에는 내가 그 사람을 도울 수 있다는 그 자체로 감사해야 한다. 그것을 다른 사람에게 알리려 하거나 혹은 그 사람에게서 다음에 어떤 보상을 기대해서는 안 된다.

주님은 외식하는 자에게는 하늘나라에서 보상이 없다고 하셨다. 왜냐하면 외식한 자는 다른 사람에게 자신을 자랑하는 것이 원래의 목표였으므로 이미 그 목표를 성취했기 때문에 더는 받을 상이 없다는 것이다.

예수님은 그리스도인들에게 "오른 손이 하는 일을 왼손이 모를" 정도로 은밀하게 구제하라고 하셨다. 이 말씀은 자신의 구제를 다른 사람에게 자랑하지 말아야 할 뿐 아니라, 자기의 마음속에도 자신이 그렇게 구제했으니 자신은 좋은 사람이라는 생각까지도 버려야 한다는 것이다. 이웃에게 선을 베풀 때 사랑을 받는 사람의 웃음을 보는 것이야말로 돈으로 살 수 없는 기쁨이다. 더구나 은밀하게 선을 행할 때 은밀하게 보시는 하나님께서 갚아 주시겠다고 했다.

하나님께서는 물질로 다른 사람을 섬기는 자에게 더욱더 많은 선을 행할 수 있도록 계속적으로 물질을 공급해 주신다. 그래서 물이 끊어지지 않는 샘과 같이 하나님의 축복을 계속 흘려보내는 축복의 통로가 될 수 있다(사 58:10-11). 또한 어떤 상일지는 모르지만 분명히 하늘나라에서도 우리가 받을 상이 있다. 바울은 데살로니가 성도들이 주 안에서 자신의 "소망과 기쁨과 자랑"이라고 했다(살전 2:19). 그는 또한 자신이 사명을 완수했으니 하나님께서 "의"를 상으로 주실 것이라고 했다(딤후 4:8). 베드로도 목회자들이 돈을 위해 사역하지 않고 성도들에게 본이 되는 삶을 살 때 "영광"을 상으로 받는다고 했고, 요한도 시험에서 이기고 끝까지 충성하는 자에게 "생명"을 상으로 주실 것이라고 말했다(계 2:10). 이와 같이 은밀하게 선을 행하기를 즐거워하는 자에게는 하늘나라에서 하나님께 받을 상이 있다.

오순절 성령이 임하신 후 초대 교회가 세워지던 당시 사람들은 성령으로 충만하여 물질이 있는 사람이 가난한 성도들과 가진 것을 나누었기에 그 교회에 가난한 사람이 없었다(행 4:32-35). 특별히 바나바는 자신이 가지고 있던 밭을 팔아 사도들에게 바쳐 다른 사람을 구제하게 하여 많은 사람들의 칭찬을 받았다.

이를 본 아나니아와 삽비라 역시 자신들이 가지고 있던 소유를 팔았다. 그런데 막상 판 돈을 전부 바치려 하니 아까워서 일부를 숨기고 일부를 사도들 앞에 가져 갔다. 그들은 사람들 앞에서 자신들이 인정을 받고 싶어서 전부를 드리지 않고서도 전부를 드린 것처럼 가장했다. 그들은 사람을 속였을 뿐만 아니라 성령을 속였다. 베드로가 천국의 열쇠를 지닌 사도의 대표로서 권리를 행사하는 것으로 보아(마 16:19) 그들은 죽음과 동시에 지옥으로 직행했다.

그들이 받은 벌이 지나치게 가혹하다고 생각할 수 있다. 하지만 이때는 교회가 새로 시작되는 시기라는 것을 염두에 두어야 한다. 예수님은 바리새인과 서기관들의 외식적인 종교행위를 강하게 비판하셨고 그들과는 전혀 다른 성령으로 변화된 참 제자들의 공동체를 세우려 하셨다.

그런데 그 공동체가 막 시작되고 있을 때 아나니아와 삽비라를 통하여 외식주의가 다시 공동체 내에 침투하려 하는 것이다.

교회가 시작부터 잘못되면 그 나중은 어떠하겠는가?

그들에 대한 엄한 심판이 성도들로 하여금 좋은 의미에서 두려움을 갖게 하였고 교회는 더욱 능력 있게 성장하게 되었다.

생각하기

1. 마태복음 5:16에서는 "너희 빛을 사람 앞에 비추게 하라"고 했는데 본문에서는 "오른손이 하는 일을 왼손이 모를" 정도로 은밀하게 선을 행하라고 했다.
이렇게 상반된 듯 보이는 말씀을 어떻게 설명할 수 있는가?

2. "외식한다"는 어원은 어디에서 나왔는가?
외식하는 자의 마음의 근원에는 어떤 생각이 사로잡고 있는가?
그가 외식으로 선을 행하는 목표가 무엇인가?

3. 사도행전 5:1-11을 읽어 보라.
   (1) 아나니아와 삽비라가 땅을 팔아 전부를 드리지 않고 일부를 드리면서 사도에게 전부를 드렸다고 한 이유는 무엇인가?
   (2) 왜 하나님이 사도 베드로를 통하여 그런 가혹한 형벌을 내렸다고 생각하는가?

2. 기도(6:5-8)

> 기도는 유대인처럼 자신을 위하는 이기적인 기도가 되어서도 안 되고 하나님을 모르는 이방인처럼 아무 생각 없이 중얼거려서도 안 된다.

기도 역시 하나님께서 받으시는 의로운 행동이다. 기도는 하나님과의 대화이며 영혼의 호흡이다. 그래서 기도는 끊임없이 계속해야 한다. 우리는 기도를 통하여 하나님의 사역에 동참한다. 기도는 따라서 사람들과 천사들을 일하게 하는 능력이 있다. 과거에 삼손은 죽을 지경이 되었을 때만 기도했지만 사무엘은 하나님의 백성을 위하여 끊임없이 기도했다. 삼손은 신체의 힘으로 블레셋 사람들과 싸웠으나 사무엘은 기도로 그들과 전쟁을 하였다. 하나님은 사무엘의 기도를 들어 주셔서 이스라엘이 전쟁에서 승리했을 뿐 아니라, 그가 사는 동안 블레셋 사람들이 이스라엘을 넘보지 못하게 했다.

기도가 이처럼 중요한 만큼 그리스도인들이 주의해야 할 것이 있다. 예수님은 먼저 그리스도인들의 기도는 유대인의 외식하는 기도와 구별되어야 한다고 하였다. 유대인의 기도는 자기를 위한 이기적인 기도였다. 외식으로 기도하는 자는 회당과 큰 거리의 모퉁이에서 그것도 서서 기도하기를 좋아하였다. 서서 기도하거나 앉아서 기도하는 것, 즉 기도하는 사람의 자세보다는 그의 마음의 동기가 문제이다. 그의 기도하는 목표가 사람들에게 인정을 받는 것이었기에 그는 이미 그 목표를 달성했다. 그러므로 하나님께서는 그의 기도를 받지 않았다.

예수님은 하나님의 백성은 골방(storeroom)에 들어가서 그것도 문을 닫고 기도하라고 하셨다(마 6:6). 골방이란 방의 안쪽에 물건들을 보관하기 위해서 따로 만들어둔 방이다. 그만큼 기도하는 것을 아무도 모르게 하라고 말씀하신 것이다. 그러할 때 은밀한 중에 계시고 은밀한 중에 보시는 하나님께서 그 기도를 들어주신다.

누가복음 18:9-14에서 예수님은 바리새인의 기도와 세리의 기도를 대비하여 말씀하셨다. 바리새인은 성전에 따로 서서 기도하되 자신이 간음한 자나 세리 같은 다른 사람들보다 훌륭하다는 것을 감사하고 자신이 일주일에 두 번씩 금식하는 것과 십일조를 온전히 드린 것을 고하였다. 그런데 세리는 멀리 서서 감히 눈을 들어 하늘을 쳐다보지도 못하고 애통하는 마음으로 가슴을 치면서 "하나님이여 불쌍히 여기소서. 저는 죄인입니다"라고 기도했다.

예수님은 바리새인보다 세리가 하나님 앞에서 의롭다고 인정을 받았다고 하셨다. 그 이유는 바리새인의 기도는 자신의 의를 과시하기 위한 외식적인 행동이었고 세리의 기도는 하나님 앞에서 죄인 된 자신의 모습을 온전히 인정했기 때문이다. 팔복의 말씀에도 자신이 의롭지 못함을 인하여 애통하는 자는 하나님의 위로를 받는다고 하였다.

다음으로 하나님의 백성의 기도는 이방인의 기도와 구별되어야 한다. 이방인의 기도는 "중언부언"한다고 했다. 이 말은 아무런 생각이 없이 중얼거리는 것을 말한다. 이방인들은 어떤 신이 진짜인지 알 수 없어서 수많은 신들의 이름을 부르거나 신을 괴롭게 해서 깨우기 위해 무익한 말들을 늘어놓는다. 우리나라 무당들이 기도하는 것을 보면 하늘의 옥황상제로 시작하여 바다의 용왕, 성황당의 삼신할머니 등의 수많은 신들을 부르며 소원을 빈다. 불교에서도 기도할 때 무슨 뜻인지도 모르는 불경을 읊으며 절을 한다.

그러나 우리가 믿는 하나님은 기도하기도 전에 우리의 사정을 아시는 인격적인 하나님이시기에 그래서는 안 된다. 하나님 앞에 마치 주문을 외듯이 기도할 것이 아니라 단 한 마디라도 생각을 하면서 기도해야 한다.

우리가 부모님과 대화를 할 때 굳이 미사여구를 사용하여 말하거나 큰 소리를 지르지는 않지 않는가?

또한 이방인은 말을 많이 해야 기도를 듣는 줄 안다고 했다. 개인 기도의 경우에 기도를 오래하고 길게 하는 것이 문제가 아니다. 다만 말을 많이 해야 하나님이 들으신다는 그 생각이 문제이다. 공적인 기도의 경우 되도록 짧게 꼭 필요한 기도만 해야 한다.

동양의 속담에 지성이면 감천이라는 말이 있다. 그러나 그리스도인은 기도를 하나님께 공로를 쌓거나 지성을 드리는 것으로 생각하지 않는다. 그래서 내가 새벽기도를 하고 철야기도를 하고 두세 시간을 기도하면 하나님께서 나의 소원을 들어주실 거라고 생각하면 안 된다. 기도란 우리의 어떤 뜻을 이루는 수단이 아니라 그 자체가 목적이다. 기도는 하나님과의 인격적인 교제이며 그를 높이는 예배이다. 기도는 자신의 필요뿐만 아니라 하나님의 영광을 위하고 신앙의 공동체의 필요를 하나님께 구하는 것이다.

생각하기

1. 마태복음 6:5에서 외식하는 자는 어떻게 기도했는가?

2. 외식하는 자의 기도에 비하여 하나님의 백성의 기도의 장소와 태도는 어떠해야 하는가?

3. 누가복음 18:9-14을 읽고 바리새인과 세리의 기도를 비교해 보라.
왜 바리새인의 기도는 하나님께서 인정하지 않으시고 세리의 기도는 인정하셨는가?

4. 마태복음 6:7에서 예수님은 이방인들은 어떻게 기도한다고 말씀하셨는가?
그들이 왜 이렇게 기도한다고 생각하는가?

3. 주기도문(6:9-15)

> 주기도문은 우리가 어떻게 기도해야 할 것인가를 가르쳐 주기도 하지만 우리가 어떻게 살아야 할 것도 가르쳐준다. 주기도문은 우리로 하여금 하나님의 나라를 꿈꾸며 이 땅에서 하나님과 우리의 이웃과 바른 관계를 이루어 살아가게 한다.

지금 우리는 유대주의를 지탱하는 3대 기둥인 구제와 기도와 금식에 대한 주님의 가르침을 공부하고 있다. 마태는 유대인들의 외식적인 구제와 금식에 대비하여 하나님 백성의 구제와 금식에 대해서 말한다. 그런데 기도에 관한 한 유대인뿐만 아니라 이방인의 기도에 대해서도 말한다(7-8절). 더구나 여기에 주기도문도 첨가하고 있다(9-15절). 산상수훈의 구조로 볼 때에도 주기도문은 산상수훈 전체에서 가장 중앙에 위치하고 있다. 이것은 마태가 산상수훈의 말씀들 중에서 기도를 가장 중요하게 여기고 특별히 주기도문이 그 말씀들의 가장 핵심이라는 것을 보여 준다.

앞에서 하나님은 참 하나님이시며 우리의 아버지가 되신 분이기에 우리는 기도할 때 한 마디라도 생각을 하면서 기도해야 한다고 했다. 하나님은 우리가 기도하기 전에 이미 우리 필요를 아시는 분이시다. 따라서 우리가 말을 많이 하고 오래 기도해야 우리 기도를 들으시는 분이 아니다. 또 하나님의 백성의 기도는 유대인의 기도처럼 이기적인 것이 아니다. 자신만을 위한 기도가 아니라 하나님의 영광과 신앙의 공동체를 위한 기도이다.

이제 주님은 유대인이나 이방인들과는 달리 천국백성의 기도의 예를 들어 주신다. 주님은 9절에서 "그러므로 너희는 이렇게 기도하라"고 말씀하셨다. 이 말씀은 우리가 이런 형식으로 기도하라는 것이다. 이 주기도문에는 다음과 같은 형식으로 되어 있다. 따라서 이 형식의 순서를 따라 주기도문을 상고해 보겠다.

① 하나님을 부름
② 하나님이 어떤 분이신지 고백
③ 하나님의 영광을 위한 기도
④ 우리의 필요를 위한 기도
⑤ 하나님을 찬양하는 기도

1) 하나님을 부름

우리 성경에는 "하늘에 계신 우리 아버지여"라고 되어 있다. 하지만 원문에는 "아버지여 우리의 하늘에 계신"이라는 순서로 되어 있다. 예수님은 "아버지여!"라고 하나님을 먼저 부르라고 가르치신다. 그 당시는 예수님만이 하나님을 아버지로 부르셨는데 이제도 제자들에게도 하나님을 아버지로 부르라고 하셨다. 이는 바리새인들이나 이방인들이 상상조차 할 수 없는 하나님과 우리의 인격적인 친밀한 관계를 보여 준 것이다.

우리는 가부장적인 사회에서 살고 있다. 우리의 어릴 적에는 아버지는 두려운 분이라 대화도 하기 힘들었고 식사도 같은 상에서 하지 않았다. 대다수의 신앙인들도 이런 사회적 환경에서 자라왔기에 하나님을 아버지라고 부를 때면 하나님에 대한 친밀감보다는 두려움이 더 앞서는 것도 사실이다. 우리가 육신의 아버지의 모습에서 하나님 아버지의 모습을 유추하기 때문에 자녀들에게 아버지의 역할이 얼마나 중요한지 모른다.

하지만 아버지의 참된 원형은 하나님 아버지이고 우리의 육신의 아버지는 그 하나님의 형상을 반영할 뿐이라는 것을 알아야 한다. 우리는 성경 말씀을 배우고 하나님과 동행하면서 하나님의 아버지 되심을 온전히 깨달아야 한다. 그러할 때 우리가 두려운 마음으로 하나님께 나아가기보다는 우리를 사랑하시는 하나님께 담대하게 나아갈 수 있다. 요한일서 4:18-19은 다음과 같이 말한다.

> 사랑 안에 두려움이 없고 온전한 사랑이 두려움을 내쫓나니 두려움에는 형벌이 있음이라 두려워하는 자는 사랑 안에서 온전히 이루지 못하였느니라 우리가 사랑함은 그가 먼저 우리를 사랑하셨음이라(요일 4:18-19).

하나님은 다음과 같은 이유로 우리의 아버지가 되신다.

첫째, 그가 우리의 창조자이기 때문이다.

하나님은 이 땅에 모든 생명체에 생명을 주셨고 지금도 생명을 창조하고 유지하는 사역을 하신다. 하나님은 믿는 자뿐 아니라 믿지 않는 자에게도 아버지가 되신다. 성경 말씀 전체가 잃어버린 아들에 대한 아버지의 사랑을 말하고 있다면, 하나님께서 창조자가 되신다는 것이 선교의 근본 원리이다. 선교사는 선교지에서 현지인들이 창조의 풍요로움을 누릴 수 있도록 복음 전도와 더불어 질병 퇴치와 교육 등의 문화 사역에도 힘쓴다. 하나님께서 믿는 자와 믿지 않는 자의 아버지가 되시기에 그들에게 동일하게 해를 비추시고 비를 내리신다.

중학생 무렵에 필자는 공부는 열심히 하지 않고서 교회 일은 열심히 했으니 시험을 잘 보게 해달라고 기도했다. 그런데 결과가 좋지 못해서 화가 나서 성경을 다 찢어버린 적이 있다. 필자의 이런 행동은 사실 우습고도 부끄러운 일이지만, 얼마나 많은 신자들이 창조주 하나님께서 창조의 질서 가운데 공평하게 세상을 다스린다는 사실을 잊고 살아가는지 모른다. 주일에 영업을 하지 않으면 매출이 줄어드는 것은 당연한 일이다. 하지만 우리는 수입이 줄어들 줄 알아도 주일을 지키는 것이다. 주일을 지키기 때문에 주일에 영업하는 옆집의 가게보다 더 잘될 것을 기대해서는 안 된다.

둘째, 하나님이 우리의 아버지가 되시는 이유는 우리의 구원자이시기 때문이다.

우리는 하나님이 싫어서 집을 나와 고아로 살았다. 그런데 하나님께서는 그 아들을 우리에게 보내셔서 우리 대신 죽게 하심으로 우리를 다시 찾아 아들로 입양해 주셨다. 어느 마을에서 한 아이가 정성을 다해 나무로 모형 돛단배를 만들었다. 배를 다 만든 후에 그는 이 돛단배를 강에 띄어보기로 했다. 마을에 흐르는 작은 개울에 돛단배를 띄웠는데 이 배가 물결을 따라 개울 아래로 점차 빨리 내려가는 것이었다. 그가 열심히 뛰어가 보았지만 빠르게 내려가는 배를 잡을 수 없었다. 그는 크게 실망해서 며칠을 시무룩하게 지냈다.

그런데 어느 날 아래 마을의 한 가게에서 자신이 만든 돛단배가 진열된 것을 발견했다. 그는 너무 기뻐서 가게에 들어가 주인에게 그 배는 자신이 만든 것이니 돌려달라고 했다. 그런데 가게 주인은 자신도 그 배를 샀기 때문에 돈을 지불하지 않으면 줄 수 없다고 했다. 그는 자기가 다시 살 것이니까 다른 사람에게 팔지 말라고 부탁하고 그 가게를 나왔다.

이후에 그는 부모님이나 이웃 사람들의 심부름을 하면서 돈을 한 푼 두 푼 모았다. 마침내 그는 돈을 마련해서 가게에 가서 그것을 샀다. 이 아이는 돛단배를 껴안고 "너는 내거야. 한 번은 내가 너를 만들었기 때문이고 그 다음은 내가 너를 잃어버렸는데 다시 샀기 때문이야"라고 말했다. 마찬가지로 하나님이 우리의 아버지가 되신 것은 우리를 창조하셨을 뿐 아니라 예수님의 핏값을 지불하고 다시 샀기 때문이다.

셋째, 하나님이 우리의 아버지가 되시는 이유는 우리를 돌보시는 분이기 때문이다.

하나님 아버지는 우리의 필요를 날마다 채워주신다. 이사야 1:3에서 여호와께서는 이스라엘 백성에게 자식을 양육하셨는데 그들이 여호와를 거역하였다고 탄식하신다.

> 소는 그 임자를 알고 나귀는 그 주인의 구유를 알건마는 이스라엘은 알지 못하고 나의 백성은 [스스로를] 깨닫지 못하는도다(사 1:3).

소는 자신을 먹이는 주인을 안다. 그보다 멍청한 나귀는 주인은 몰라도 주인의 구유는 안다. 하지만 이스라엘은 소나 나귀만도 못해서 아무것도 모른다. 그 다음 구절은 원문의 문장 형태가 재귀형이다. 따라서 하나님의 백성은 자신이 하나님의 백성이라는 사실을 알지 못한다는 뜻이다. 하나님 아버지께서는 목자와 같이 날마다 우리를 지키시고 먹이신다.

자녀가 없는 어느 목사님 가정이 고아원에서 한 아이를 입양했다. 그 아이는 고아원에서 음식을 충분히 먹지 못해서인지 양부모가 식탁에 놓아준 음식을 전부 먹었다. 그 부모가 더 많은 음식을 차려 놓아도 결과는 언제나 마찬가지였다. 그래서 부모는 냉장고에 음식과 과일을 가득 채워두고 아이에게 보여 주며, 그것들이 다 그의 것이니 그렇게 한꺼번에 다 먹을 필요가 없다고 가르쳤다. 하지만 그 아이의 태도는 고쳐지지 않았다.

아이가 들어온 후 한 달 이상 지났을 때 엄마가 그의 방에 들어갔는데 침대 밑에서 이상한 냄새가 나서 살펴보고서 소스라치게 놀랐다. 거기에는 곰팡이 난 빵이나 썩은 닭다리 등이 있었다. 부모가 이 아이를 계속 돌봐줄 것인데 그는 그것을 믿지 못했다. 아이는 다시 음식을 못 먹을지 모르니 기회가 있을 때 챙겨 두어야 한다고 생각한 것이다.

우리 역시도 이 아이와 같이 아버지 하나님께서 우리를 돌보아 주실 것을 믿지 못하고 우리 스스로 양식을 예비하기 위해서 얼마나 수고하는가?

주님은 그리스도인들에게 하나님을 "아버지"라고 부르라고 하셨다. 그런데 하나님이 아버지이시되 "우리 아버지"라고 하셨다. 주기도문은 결코 개인적인 기도가 아니라 신앙의 공동체를 위한 기도이다. 주기도문은 "우리"에게 하늘로부터 오는[1] 양식을 주옵시고, "우리" 죄를 사하여 주옵시고, "'우리'를 시험에 들게 말게 하옵시고 …" 등으로 기록한다.

따라서 우리가 기도를 할 때는 이기적으로 우리 자신의 필요를 위해서만 기도하지 말고, 우리의 가족과 친척과 이웃과 믿음의 형제와 자매들의 필요를 살펴볼 줄 알아야 한다.

2) 하나님이 어떤 분이신지 고백

기도를 할 때, 우리는 우리가 부르는 하나님에 대한 우리의 믿음을 고백해야 한다. 여기서 예수님은 우리의 아버지 하나님은 "하늘에 계신 분"이라고 가르쳐 주신다. 이 말씀은 하나님께서 이 땅에 계시지 않는다는 말이 아니다. 하나님께서는 하늘에 계시기에 우리의 지혜와 능력을 전적으로 초월해 존재하신다는 말이다.

우리 육신의 부모님은 우리가 구하는 것을 우리에게 주고 싶어도 줄 능력이 없어서 주지 못한 경우도 많다. 하지만 하나님 아버지께서는 하늘에 계시기에 우리가 구하는 것을 능히 들어 주실 수 있다. 하나님께서는 우리보다 훨씬 지혜로우시기에 때로는 우리가 구한 것 이상으로, 즉 생각하지도 못한 것도 응답해 주신다(사 55:8-9).

외동딸을 키우면서 필자는 많은 기도의 응답을 받아왔다.

딸아이는 어려서부터 피아노에 재능이 있었다. 중학교 3학년 때 타

---

[1] "일용할"이 아니라 "하늘로부터 오는"이라고 기록한 이유는 뒤에 설명하겠다.

국에서 열린 국제대회에서 대상도 받았다. 딸이 고등학교에서 피아노와 학교 공부를 병행하기 어려울 것 같다고 판단한 필자는 곧바로 현지의 음악대학으로 보내려고 했다. 아이의 피아노 선생님이 그 대학의 교수이고 학교에 추천도 해서 가능할 줄 여기고 열심히 기도했다. 그런데 대학에서는 고등학교를 졸업하지 않아서 받아줄 수 없다고 했다.

필자는 딸의 피아노의 진보를 위해 한국의 예고에 보내기로 했다. 감사하게도 한국의 한 예고에서 9년 동안 외국학교에 다닌 특례로 받아주었다. 그런데 뒤늦게야 예고에는 그런 특례제도가 없다는 것을 알게 되었다. 딸아이는 적어도 그 학교 16년 역사상 최초로 특례로 합격해서 지금 잘 적응하고 있다. 그리고 여러모로 그 아이가 선교 현지에 거주하는 것보다 한국에서 피아노를 배우는 것이 낫다는 것을 하나님께서 깨닫게 해 주셨다. 주께서는 기도했던 것 이상으로 응답해 주신 것이다.

3) 하나님의 영광을 위한 기도

주기도문에는 우리의 필요를 구하기 이전에 하나님의 영광을 위한 기도가 나온다.

> 하늘에 계신 우리 아버지여 이름이 거룩히 여김을 받으시오며 나라가 임하시오며 뜻이 하늘에서 이루어진 것같이 땅에서도 이루어지이다
> (마 6:9 하반절-10).

헬라어 원문에 보면 "이름이 거룩히 여김을 받으시오며"와 "나라가 임하시오며" 사이에 "그리고"라는 접속사가 없다. "나라가 임하시오며"와 "뜻이 하늘에서… " 사이도 마찬가지다. 반면에 12, 13절 앞에는 "그리고"라는 접속사가 있다.

> 그리고 우리가 우리에게 죄 지은 자를 사하여 준 것같이 우리 죄를 사하여 주시옵소서. 그리고 우리를 시험에 들게 하지 마시옵고…(마 6:12-13 상반절)

이렇게 기록된 이유는 양식을 위한 기도와 죄 용서를 위한 기도와 시험에서 승리를 위한 기도는 서로 다른 기도인 반면에, 하나님의 영광을 위한 세 가지의 기도는 서로 다르지 않고 하나의 기도이기 때문이다.

이제 "이름이 거룩히 여김을 받으시오며"라는 구절을 살펴보자.

영어권의 사람들은 "God damn! Jesus Christ!"와 같이 하나님의 이름을 욕으로 사용한다. 이것은 아주 잘못된 일이다. 하지만 이 기도는 하나님의 이름을 가지고 욕하지 말라는 것 그 이상을 요구한다. 하나님의 이름은 하나님 자신과 동일하다. 그래서 이 기도는 하나님이 거룩히 여김을 받으시라는 기도이다. 우리는 죄를 범해서 하나님의 이름이 비방을 받게 해서는 안 된다. 사무엘하 12:14에서 다윗이 밧세바를 범하였기에 하나님께서 원수에게 비방을 받았다고 했다.

> 이 일로 말미암아 여호와의 원수가 크게 비방할 거리를 얻게 하였으니 당신이 낳은 아이가 반드시 죽으리이다 하고(삼하 12:14).

다윗으로 말미암아 이방인들이나 하나님을 대적하는 자들로부터 하나님의 이름이 비방을 받았다. 그 결과는 다윗이 아무리 간구해도 그 아이가 살아나지 못하고 죽었을 만큼 가혹한 것이었다. 그리스도인들이 죄를 범하면 본인도 수치를 당하거니와 그로 인해서 하나님께서 사람들에게 비방을 받게 된다. 그러므로 부정적인 측면에서 그리스도인들은 잘못된 행동을 하지 않아서 하나님이 비방을 받지 않도록 해야 한다. 긍정적인 측면에서 우리는 더욱 적극적으로 선한 일을 하여 하나님께서 영광을 받으시게 해야 한다(마 5:16).

그렇다면 하나님은 어떻게 영광을 받으시는가?

그 다음 구절에 언급되어 있는 대로, 하나님의 나라가 이 땅에 임하고 하나님의 뜻이 이 땅에서 이루어질 때 하나님께서 영광을 받으신다.

이제 "하나님 나라의 도래"에 대해 살펴보자.

하나님의 나라는 하나님께서 다스리는 곳이다. 예수님이 오시면서부터 하나님의 직접적인 다스림이 이 땅에 시작되었다. 그 하나님의 나라는 예수님이 다시 오실 때에 완성될 것이다. 지금 우리의 역할은 우리의 삶을 통해서 하나님의 다스림이 속히 이 땅에서 온전히 이루어지게 하는 것이다. 우리는 하나님의 다스림이 우리나라의 정치와 경제와 교육과 문화와 방송 등 모든 영역에 임하도록 해야 한다.

미국의 경우, 방송과 영화에서 끊임없이 동성애를 옹호하더니 마침내 의회에서 동성결혼을 합법화하는 법안이 제출되고 의원들 가운데 이를 찬성하는 쪽이 더 우세해졌고 마침내 2015년 6월에 연방 대법원에서 동성결혼을 합법화시켰다. 우리는 이것을 교훈 삼아 언론계와 미디어계에 많이 진출해서 좋은 영향을 끼쳐야 한다. 그리스도인은 세상에서 빛과 소금이 되어야 한다. 그러할 때 하나님께서 영광을 받으시고 하나님의 나라가 이 땅에 이루어진다.

다음으로 "뜻이 하늘에서 이룬 것같이 땅에서도 이루어지이다"는 말씀을 살펴보자.

하나님의 뜻은 하나님께서 영광을 받고 그의 나라가 이 땅에서 완성되는 것이다. 그런데 "뜻이 하늘에서 이룬 것같이"란 그의 뜻이 이미 하늘에서는 이루어졌다는 말이다. 문제는 땅에서도 하나님의 뜻이 이루어지는 것이다. 땅에서 하나님의 뜻을 가장 따르지 않는 존재는 사람이다. 요나서에 보면 바람도, 바다도, 큰 물고기도, 식물도, 벌레도 모두 하나님의 뜻대로 움직였다. 그러나 오직 요나만은 하나님의 뜻을 따라 행하지 않았다.

하나님께서는 우리를 동물처럼 만들 수도 있었고 로봇으로도 만들 수 있었다. 하지만 하나님께서는 우리를 존중하셔서 우리에게 의지의 자유를 주셨다. 그러므로 우리는 이 기도를 할 때는 항상 우리의 마음을 열고 우리가 먼저 하나님의 뜻에 순종하려는 자세를 가져야 한다. 우리는 하나님의 뜻을 순종함으로 그 나라가 이 땅 전체에 이루어지기를 꿈꾸고 노력해야 한다.

4) 우리의 필요를 위한 기도

지금까지의 기도가 하나님의 영광을 위한 것이었다면 이제는 우리의 필요에 대한 것이다. 한국어 성경에서 11절은 "오늘 우리에게 일용할 양식을 주시옵고(개역개정)"라고 기록되어 있다. 여기서 "일용할"로 번역된 "에피우시온"(ἐπιούσιον)이라는 헬라어(원형은 에피우시오스[ἐπιούσιος])는 성경에 단 한 번 나온 단어이다. 그와 예수님 당시에 기록된 어떤 책에도 이 단어가 없다. 따라서 3세기의 성경학자 오리겐은 이 단어가 무슨 뜻인지 모르고 마태가 만든 단어일 가능성이 있다고 했다. 이 단어에서 두 가지 어원을 추정할 수 있다. 하나는 "존재를 위해"(에피우시오스: on existence)라는 것이고 또 하나는 "오는"(에피우시오스)이라는 것이다. 이러한 어원을 바탕으로 세 가지 해석이 가능하다.

첫째, 전자의 어원에서 "존재를 위해 [필수적인][2]**" 양식을 위한 기도가 될 수 있다.**

그런데 이는 마태복음 6:31, 32에서는 우리가 구하기 전에 우리의 생명을 위한 필요를 아시기 때문에 구할 필요가 없다고 말씀했던 것과 대치된다.

둘째, 라틴 학자 제롬에 의해 주창된 "오늘에 [필요한]"라는 것으로 많은 영어 성경들과 한국어 성경이 이를 따르고 있다.

하지만 이 단어를 "오늘에 혹은 오늘의"라고 해석하는 것은 이 단어의 어원상 근거가 빈약하다는 점이 문제이다. 이 단어가 쓰일 때면 언제나 현재가 아니라 가까운 미래를 말한다.

만일 우리가 "오는"이라는 어원을 날짜와 연관시키면 "오는 [날을 위한]" 즉, "내일의" 양식을 위한 기도로 볼 수 있다.[3] 만일 이 번역이 옳다면 이 기도는 아주 가까운 미래의 양식을 위한 기도이다. 다시 말해서 아침에 이 기도를 했다면 저녁에 필요한 양식이며 저녁에 기도를 했다

---

2 "[ ]"라는 표시는 원문에 없다는 말이다.
3 개역개정 성경과 New English Translation에서는 이 번역을 각주에 첨가했다(Give us today for the coming day).

면 내일 필요한 양식을 말한다. "일용할"이라는 뜻보다 이 번역이 맞을 가능성이 크다. 현재에 우리의 번역을 살펴보면 "오늘 우리에게 오늘에 필요한 양식을 주옵소서"(Give us today our daily bread)라고 해서 불필요하게 "오늘"이 반복되어 있다.

셋째, "오는"이라는 어원을 장소와 연관시켜서 "[하늘로부터] 오는" 양식을 말하는 것으로 볼 수 있다(참고 "하늘에서 내려온" [요 6:50, 51]).

따라서 이 기도는 과거에 하나님께서 광야의 백성들에게 하늘에서 만나를 매일 주셨듯이, 우리에게도 하늘의 양식을 달라는 내용이다.

필자는 이 해석을 지지한다. 이 양식에는 영적인 양식도 포함되어 있기는 하지만,[4] 주기도문의 이 부분이 사람을 위한 기본적인 필요를 구하는 부분이기 때문에, 여기에서의 양식은 일차적으로 육신을 위해 필요한 것을 말한다. 에피우시온이라는 단어가 나온 새로운 고대의 문헌이 발견되기 전까지는 이 단어가 무슨 의미인지 정확히 파악하기 어렵다. 하지만 이 기도는 출애굽 이후 광야에서 이스라엘 백성이 먹었던 양식과 분명히 연결되어 있다.

출애굽기 16:2-4에서 이스라엘 백성은 땅이 있어야 양식을 얻을 수 있는 것으로 생각했다. 그들은 애굽 땅에 있었을 때 고기와 양식을 먹었던 때를 추억하였고 이제는 광야에 있기에 굶주려 죽게 되었다고 원망하였다. 하나님께서는 모세에게 땅이 아닌 하늘에서 양식을 주시겠다고 했다.

그때에 여호와께서 모세에게 이르시되 보라 내가 너희를 위하여 하늘에서

---

[4] "Epiousios: Our Father … Give Us This Day Our Daily Supersubstantial Bread" By Andrew M. Greenwell, Esq. 4/9/2013 Catholic Online (www.catholic.org).

> 양식을 비같이 내리리니 백성이 나가서 일용할 것을 날마다 거둘 것이
> 라 이같이 하여 그들이 내 율법을 준행하나 아니하나 내가 시험하리라
> (출 16:4).

하나님께서는 이스라엘 백성에게 날마다 필요한 양식을 하늘로부터 내려주셨다. 이것을 통해서 백성이 하나님을 의지하는 법을 배우게 하셨다. 이스라엘 백성은 "사람이 떡으로만 사는 것이 아니라 하나님의 입으로부터 나오는 모든 말씀으로 산다"(신 8:3; 마 4:4)는 것을 배워야 했다. 우리 역시 주기도문의 양식을 위한 기도를 통해 우리의 매일의 생존이 전적으로 하나님께 달려 있다는 것을 깨닫는다. 따라서 만일 우리에게 오늘 먹을 양식이 없다면 하나님께서 주실 것을 기대해야 한다. 우리에게 양식이 있다면 감사하고, 양식이 필요한 이웃이 있다면 돌보아야 한다.

주님은 이제 우리의 영적인 필요 즉 죄 용서의 필요에 대해 말씀하신다.

> 우리가 우리에게 빚진 자를 탕감하여 준 것 같이 우리 빚도 탕감하여 주
> 옵시고(마 6:12, 개역개정 성경의 각주).

거룩하신 하나님과의 바른 관계를 위해서 우리의 죄의 문제에 대한 해결이 가장 시급하고 중요하다. 그런데 마태는 여기에서 "죄"를 "빚"으로 기록한다. 이것은 죄는 하나님 앞에서 하나도 남김없이 반드시 갚아야 한다는 것을 암시한다. 우리가 하나님 앞에서 지은 큰 죄를 우리 스스로 갚을 수 없기 때문에 예수님이 자신을 속건제로 드리셔서 우리

의 죗값을 치러 주셨다(사 53:10-11). 구약에서 속건제의 경우에는 하나님께 제사를 드릴뿐 아니라 피해를 준 사람에게 그 가격에 20%를 더하여 물질적으로 배상을 해야 했다(레 6:5; 민 5:7).

그리스도인들 역시 만일 예수님을 믿기 전이나 믿은 후에 다른 사람에게 정신적으로나 물질적으로 피해를 입혔다면 반드시 이를 갚아야 한다. 그것이 진정으로 회개하는 자세이다. 세리 삭개오가 예수님을 만나서 만일 자신이 다른 사람을 속여 이익을 취했다면 네 배나 갚겠다고 했을 때 예수님은 "오늘 구원이 이집에 이르렀다"고 칭찬하셨다.

다음으로 마태복음 6:12과 14-15의 말씀을 보면 우리가 다른 사람의 죄를 용서해야만 우리의 죄가 용서된다는 말씀으로 들린다.

> 우리가 우리에게 죄 지은 자를 사하여 준 것같이 우리 죄를 사하여 주시옵고(마 6:12).

> 너희가 사람의 잘못을 용서하면 너희 하늘 아버지께서도 너희 잘못을 용서하시려니와 너희가 사람의 잘못을 용서하지 아니하면 너희 아버지께서도 너희 잘못을 용서하지 아니하시리라(마 6:14-15).

하지만 하나님의 죄 용서의 은혜를 경험하지 않고서 다른 사람의 죄를 용서하는 것은 불가능하기에 이 말씀은 죄를 용서받은 자에게 하신 말씀이다. 예수님은 우리에게 죄를 용서받은 자는 반드시 다른 사람의 죄도 용서해야 한다는 것을 가르치신 것이다. 다른 사람의 죄를 용서하지 못하는 사람은 정말로 자신의 죄를 회개했는지 혹은 하나님의 자비를 경험했는지 의심스럽다.

예수님은 마태복음 18:23-35에서 무자비한 종을 예로 드셨다. 어느 곳에 왕에게 일만 달란트(약 250만 달러)를 빚진 자가 있었다. 이 사람은 도저히 왕에게 진 빚을 갚을 능력이 없었다. 왕이 그에게 자신과 가족과 모든 소유를 팔아 빚을 갚으라고 했다.

그런데 그는 다 갚을 테니 참아달라고 했다. 그는 자신이 경제적으로 파산해서 도저히 갚을 능력이 없다는 사실을 몰랐다. 그는 자신이 아직도 그것을 갚을 수 있다고 생각한다. 왕은 그를 불쌍히 여겨서 그 빚을 탕감해 주었다. 그런데 그가 나가서 자신에게 백 데나리온(약 18달러) 빚진 자를 발견하였다. 그는 그 빚진 자의 목을 잡고 빚을 갚기를 강요했고 갚겠다고 말하는 그를 감옥에 가두어 버렸다. 그에게 빚진 자는 자신이 왕에게 진 빚의 약 13만 9천 분의 1 정도의 작은 돈을 빚진 상태였다. 이 광경을 지켜보던 왕의 신하가 왕에게 이를 보고하였다. 왕은 진노하여 그를 잡아들여 그 빚을 다 갚도록 그를 감옥에 가두었다.

예수님이 주기도문을 통해서 우리에게 말씀하시려는 것이 왕이 그에게 한 말에 나타나 있다.

내가 너를 불쌍히 여김과 같이 너도 네 동료를 불쌍히 여김이 마땅하지 아니하냐(마 18:33).

우리가 하나님과 원수가 되었을 때 하나님께서는 그의 아들을 우리에게 보내셔서 우리 죄를 대신해서 십자가에서 죽게 하심으로 우리와 하나님 사이에 화목을 이루셨다(롬 5:8). 그러므로 우리가 하나님의 사랑을 깨닫고 죄 용서의 기쁨을 누릴 때 우리의 이웃이 우리에게 저지른 잘못도 용서할 수 있다. 일반적으로 우리에게는 우리 자신보다 사회적으로나 경제적으로 낮은 사람들을 용서하는 것이 높은 사람을 용서하는 것보다는 더 쉽다. 가령 우리가 학생일 때 선생님을 용서하기보다는 선생님일 때 학생들을 용서하기가 더 쉽다. 우리 생각에 높은 자는 모든 것을 가진 것 같기에, 그에게 자비를 베풀기가 어렵기 때문이다.

그러므로 우리가 하나님의 아들의 특권을 실감나게 누리면서 살아갈 때, 우리에게 잘못을 저지른 자가 사회 경제적으로 높은 자라 할지라도 그를 불쌍히 여겨 자비를 베풀 수가 있다. 예수께서는 그리스도인의 공동체가 이 땅에서 죄를 사하는 권세가 있다는 것과 하나님께 모든 일에 기도하면 응답을 받는 특권이 있다는 것을 말씀해 주셨다.

> 진실로 너희에게 이르노니 무엇이든지 너희가 땅에서 매면 하늘에서도 매일 것이요 무엇이든지 땅에서 풀면 하늘에서도 풀리리라. 진실로 다시 너희에게 이르노니 너희 중의 두 사람이 땅에서 합심하여 무엇이든지 구하면 하늘에 계신 내 아버지께서 그들을 위하여 이루게 하시리라 (마 18:18-19).

사도 바울 역시 하나님께서 우리에게 생명과 사망을 결정할 권세를 주셨으며 온 세상의 현재나 미래 상황을 우리에게 다 맡기셨다고 했다.

> 그런즉 누구든지 사람을 자랑하지 말라. 만물이 다 너희 것임이라. 바울이나 아볼로나 게바나 세계나 생명이나 사망이나 지금 것이나 장래의 것

이나 다 너희의 것이요(고전 3:21-22).

우리가 이런 권세와 특권을 체험하며 살 때만이 우리의 이웃을 불쌍히 여기고 죄를 용서할 수 있다. 그런데 아직도 용서하고 싶지만 용서가 잘 되지 않을 때는 우리의 연약함을 도우시는 성령님께 도움을 구해야 한다(롬 8:26-2). 하나님의 뜻대로 드리는 기도는 하나님께서 반드시 들어주신다.

지금까지 주기도문은 하나님과의 바른 관계를 위하여 우리가 과거에 지은 죄의 문제를 해결해야 할 것을 말씀하셨다. 이제는 하나님과의 지속적인 관계를 위해 우리가 앞으로도 경건한 삶을 살아야 할 것을 말씀하신다. 마태복음 13:13에서 예수님은 "우리를 시험에 들게 하지 마옵시고 다만 악한 자에게서 구하옵소서"라고 가르치셨다. 한글 성경에는 "악에서 구하옵소서"라고 되어 있지만 "악"이라기보다는 "악한 자" 곧 사탄을 말한다. 마태복음 13:19에서 같은 단어를 "악한 자"로 번역하고 있다.

> 아무나 천국 말씀을 듣고 깨닫지 못할 때는 악한 자가 와서 그 마음에 뿌려진 것을 빼앗나니 이는 곧 길 가에 뿌려진 자요(마 13:19).

따라서 앞 구절의 "시험"도 하나님이 주시는 시험(test)이 아니라 사탄이 주는 시련(trail)과 유혹(temptation)을 말한다. 야고보서 1:12-15에서 하나님께서는 사람들이 넘어지도록 유혹하지 않으신다고 했다. 사람들이 유혹에 빠지는 것은 자신의 욕심에 끌려 미혹되었기 때문이다. 이 사람들의 욕심이 죄를 낳고 죄가 그들을 사망으로 이끈다고 했다. 예수님은 사탄과 그의 나라가 이 땅에 있고 그것도 아주 체계적이며 조직적으로 움직이고 있다는 것을 우리에게 가르치셨다(마 13:25-26).

예수님은 사탄의 힘이 너무 강하기에 하나님께 끊임없이 기도할 것을 명하신다. 그러나 예수 그리스도가 마음속에 거하신 자에게는 사탄이 그 마음속에 들어올 수 없다. 다만 멀리서 불화살을 쏘듯이 그가 우리를 유혹하는 것이다. 그때에 우리의 마음이 사탄의 유혹을 받아들이면 우리가 감당할 수 없을 정도로 죄에 사로잡히게 된다. 어떤 사람들은 우리가 세상 사람들을 이해하기 위해서 그들이 가는 술집과 같은 곳에도 가보아야 한다고 한다. 그런데 죄악된 환경에 자신을 드러내놓고서 죄를 짓지 않기를 바라는 것은 숯불을 가슴에 품고 타지 않기를 바라는 것과 같다.

큰 제방은 하루아침에 무너지는 것이 아니다. 처음에는 아주 작은 돌멩이가 제방에 작은 금을 내었다. 그런데 물살이 그 약한 부분을 계속해서 파고들어 작은 구멍을 내게 되고 결국에 그것 때문에 둑이 무너지게 되는 것이다. 그러므로 우리는 작은 유혹에 넘어지지 않도록 주의해야 한다. 예수 그리스도께서는 우리가 겪는 모든 시험을 당하셨기에 우리의 어려움을 이해하시고 우리를 도울 수 있다(히 2:18; 4:15-16). 그러므로 우리는 사탄의 유혹에 빠지지 않도록 끊임없이 예수님께 기도해야 한다.

5) 하나님을 찬양하는 기도

주님께서는 말씀하시지 않았다고 할지라도 기도의 형식으로 마침 찬양을 할 수 있다. 많은 영어 성경들이 "나라와 권세와 영광이 아버지께 영원히 있사옵니다. 아멘"을 생략하고 있고 한글 성경에서는 괄호( ) 속에 기록하고 있다. 이것은 고대의 더 권위 있는 사본들에서 이 구절이 생략되어 있기 때문이다. 그러나 초대 교회에서 주기도문에 넣어 이러한 신앙고백을 넣었기 때문에 우리가 이 전통을 따르는 것이다.

 이 찬양 기도는 앞의 하나님의 영광을 위한 기도를 다시 한 번 요약하고 있다. "나라"는 "나라가 임하옵시며"에서 나왔으며 "권세"는 "뜻이 하늘에서 이루어진 것같이 땅에서도 이루어지이다"에 필요하며 "영광"은 "이름이 거룩히 여김을 받으시오며"를 언급한 것이다.

 그리고 "아멘"이란 "진실로"라는 뜻으로 "이 모든 기도가 진실입니다. 꼭 그렇게 되기를 원합니다"라는 염원을 담고 있다. 우리는 주기도문을 습관처럼 암송하는 데 그치지 말고 한 마디 한 마디를 깊게 묵상하면서 하나님께 기도해야 한다. 주기도문은 능력이 있어 우리의 몸과 마음을 회복시키며 더욱 경건하게 하며 하나님의 나라를 크게 확장하게 한다.

생각하기

1. 마태복음 6:9에서 "너희는 이렇게 기도하라"라고 말하셨는데 주기도문은 어떤 순서 혹은 방식으로 되어있는가?

2. 하나님께서 왜 우리의 아버지가 되신다고 했는가?
   그 세 가지 내용을 기록해 보라.

3. 왜 예수님은 하나님이 우리의 아버지이시되, "하늘에 계신" 분이라는 사실을 상기시킬 필요가 있었는가?

4. 마태복음 5:16에서는 우리가 어떻게 하면 하나님께 영광을 돌릴 수 있다고 했는가?
   반대로 사무엘하 12:14에서 다윗은 어떻게 하여 하나님의 이름을 비방받게 했는가?

5. 하나님의 나라란 무엇을 말하는가?
   그리고 어떻게 하면 하나님의 나라가 임할 수 있는가?

6. 출애굽기 16:2-4을 읽어 보라.
   (1) 백성들은 어느 곳에서 양식을 먹던 일을 추억했는가?

(2) 여호와께서는 이 백성들에게 어디에서 양식을 줄 것이라고 하였는가?

(3) 하나님께서 광야에서 백성들에게 만나를 주신 이유가 무엇이라고 했는가?

7. 마태복음 18:23-35을 읽어 보라.

(1) 어떤 왕에게 한 종이 얼마만큼의 빚이 있었는가?

(2) 왕이 이 빚을 탕감하여 주었는데 그는 나가서 자기에게 얼마만큼의 빚을 진 사람을 만나서 빚을 독촉하였는가?

(3) 주님은 형제를 용서할 때 35절에서 어떻게까지 용서하라고 말씀하셨는가?

8. 우리가 시험을 당할 때 고린도전서 10:13과 히브리서 4:14-15은 우리에게 무엇을 약속하며 어떤 위로를 주는가?

9. 이제 다시 한 번 주기도문으로 기도하라. 기도하되 본서에 말한 내용 한 마디 한 마디를 묵상하며 기도하라.

4. 금식(6:16-18)

> 그리스도인들은 바리새인들과는 달리 외식하지 말고 하나님과의 친밀한 관계를 기뻐하며 은밀하게 금식해야 한다.

　금식은 기도와 마찬가지로 당연히 해야 하며 하나님을 기쁘시게 하는 것이다. 금식은 하나님 앞에 자신을 괴롭게 하고 낮추는 행위이다. 구약의 신도들은 죄를 회개할 때나(욜 2:12-14) 하나님이 당신의 진노를 돌이켜 주시길 원할 때 금식을 했다(욘 3:5, 10; 왕상 21:27-29). 구약에서 금식하라고 명한 날은 오직 오늘날의 7월 10일인 대속죄일뿐이다(레 16:29-31; 23:27-32; 민 29:7).

　그런데 예수님 당시 유대인들은 포로시기부터 4번을 더 금식하였다. 유대월력의 네 번째 달 17일, 즉 바벨론에 이스라엘 백성이 사로잡힌 날, 다섯째 달 9일인 예루살렘이 점령당한 날, 일곱 번째 달 3일 이스라엘의 바벨론 총독 그다랴가 살해된 날(렘 41:1-2) 그리고 열 번째 달 10일인 느부갓네살 왕에 의해 예루살렘이 포위되기 시작한 날을 기념하여 금식하였다. 바리새인들은 이 외에도 일주일에 두 번 월요일과 목요일에 정기적으로 금식하였다.

　그런데 바리새인들은 하나님 앞에 겸손한 마음으로 금식하는 것이 아니라 자신의 의를 다른 사람에게 보이기 위해서 슬픈 기색을 띠고 얼굴을 흉하게 하며 금식하였다. 예수님은 그들의 금식 자체를 비판하신 것이 아니라 금식하는 태도에 대해 말씀하셨다.

이사야 선지자 역시 백성들이 금식하면서 서로 다투고 싸우는 것을 신랄하게 비판했다.

> 이것이 어찌 내가 기뻐하는 금식이 되겠으며 이것이 어찌 사람이 자기의 마음을 괴롭게 하는 날이 되겠느냐 그의 머리를 갈대 같이 숙이고 굵은 베와 재를 펴는 것을 어찌 금식이라 하겠으며 여호와께 열납될 날이라 하겠느냐(사 58:5).

여기에서 "그 머리를 갈대같이 숙이고 굵은 베와 재를 펴는 것"은 사람들이 죽은 사람을 슬퍼할 때 했던 행동과 같다. 이사야는 참된 금식은 이러한 외면적인 행동에 있지 않고 사회적으로 억압받는 자를 자유롭게 하며 가난한 자에게 자비를 베푸는 것이라고 하였다(사 58:6-7).

주님께서는 마태복음 6:17에서 금식할 때 "머리에 기름을 바르고 얼굴을 씻으라"고 하셨다. 이렇게 하여 아무도 금식하는 것을 모르게 하라는 것이다. 그런데 머리에 기름을 바르고 얼굴을 씻는 것은 잔치 집에 갈 때의 모습이다. 이는 분명히 구약에서 금식할 때 장례식 분위기를 내었던 것과는 대조된다. 따라서 그리스도인들이 금식할 때에는 하나님의 구원을 감사하고 하나님과의 새로운 관계를 기뻐하는 마음으로 금식해야 한다.

그러면 그리스도인들은 언제 금식해야 하는가?

우리는 죄를 회개할 때 금식으로 우리의 상한 심령을 표현할 수 있다. 또한 예수님을 본받아 하나님의 일을 새롭게 시작할 때 금식하며 기도할 수 있다. 안디옥교회에서 바울과 바나바를 선교사로 세울 때 금식하며 기도한 것처럼 교회의 지도자들을 세울 때 금식할 수 있다. 이밖에도 하나님의 뜻을 구하기 위하여, 경건한 삶을 위하여, 가난한 사람을 돕기 위하여 금식할 수 있다.

무슬림들은 마호메트가 천사에게 꾸란을 받은 것을 기념하여 라마단 기간(이슬람 월력 9월)에 30일간 해 뜰 때부터 해 질 때까지 금식한다. 그들은 이 금식을 통하여 경건하게 되고 이웃의 어려움에 동참함으로 알라에게 진 빚을 갚아 축복과 구원을 얻을 수 있다고 믿는다. 하지만 그들은 계명에 저촉되지 않는 새벽 4시와 저녁과 밤 10시에 평소보다 더 많은 음식을 먹는다. 또 낮에는 금식하기 때문에 신경이 날카로워져 싸움도 자주 일어나고 타종교인들에 대한 공격도 심해진다.

필자는 그들이 예수님이 가르쳐 주신 참된 금식의 의미를 깨닫기를 바란다. 기독교에서는 라마단 기간에 맞추어 무슬림을 위한 특별 기도를 하고 있다. 무슬림들 중에 많은 이들이 형식적으로 금식하지만, 진정으로 진리를 추구하는 사람들 가운데는 예수 그리스도에 대한 꿈이나 환상으로 말미암아 그리스도인으로 개종하는 사람들도 많다고 한다. 우리도 이슬람 세계에 복음이 전파되기 위하여 단 하루라도 금식하며 기도하자.

주님의 말씀을 따라 은밀하게 구제하고 은밀하게 기도하고 은밀하게 금식할 때, 은밀한 가운데 계시는 하나님께서 보상해 주신다. 우리 역시 우리가 하는 봉사의 행위를 누군가 알아주길 바라는 마음이 있다. 하지만 사람들이 우리의 선한 행동을 알아주지 않는다고 할지라도 하나님께서 우리를 인정해 주시기 때문에 사람들로부터 인정받을 필요가 없다. 오히려 사람들이 모르는 그 행동을 하나님께서 더 크게 보상해 주신다.

생각하기

1. 당시에 사람들이 금식할 때 어떤 모습을 하고 금식하였는가?(마 6:16; 참고 사 58:5)

2. 이사야 58:6-7은 하나님께서는 어떤 금식을 원하신다고 했는가?

3. 주님은 금식할 때는 어떻게 하라고 했는가?(마 6:17)

4. 신약에서는 언제 금식을 했는가?
   우리가 금식해야 할 때는 언제라고 생각하는가?

제8장

천국백성의 법 3
: 물질주의와 대조하여(마 6:19-34)

> 그리스도인은 마음의 주인이 예수인지 돈인지를 분별해야 한다.

1. 물질에 대한 사랑과 하나님에 대한 헌신(마 6:19-24)

예수님은 그리스도인이 지켜야 할 법을 율법주의(마 5:17-48)와 유대주의(마 6:1-18)와 대조해서 말씀하셨다. 6:19-34에서 예수님은 이제 물질주의와 대조해서 말씀하신다. 이 물질주의적인 삶은 유대인이나 이방인 모두에게 해당되지만, 유대인보다는 이방인의 삶을 특징짓는 것이다. 따라서 본문은 예수님이 그리스도인의 삶이 이방인의 삶과 어떻게 구별되어야 하는가를 말씀하시는 것이다.

마태복음 6:19-34은 크게 두 부분으로 나누어졌는데 먼저 19-24절은 "물질에 대한 사랑에 대조하여 하나님에 대한 헌신"에 대해 말하고 25-34절에서는 "물질에 대한 염려에 대조하여 하나님에 대한 신뢰"에 대하여 말씀하고 있다. 먼저 물질에 대한 사랑과 하나님에 대한 헌신의 부분을 살펴보자. 이 본문 역시 세부분으로 나누어졌다.

① 19-21절에서는 마음의 보물에 대하여,
② 22-23절에서는 마음의 눈에 대하여,
③ 24절에서는 마음의 섬김에 대하여 기록되었다.

이 모든 것이 "우리의 마음이 과연 어디에 있는가?" 하는 문제를 다룬 것이다. 다시 말해 본문은 우리의 마음이 물질을 향하고 있는가 아니면 하나님을 향하고 있는가를 질문한다.

1) 마음의 보물(6:19-21)

예수님은 19절에서 부정적인 면에서 "우리를 위하여 보물을 땅에 쌓아두지 말라"고 하셨나. 성경이 물질 자체를 부정하게 여기는 것은 아니다. 예를 들어 잠언 6:6-8에서 다음과 같이 말씀한다.

> 게으른 자여 개미에게 가서 그가 하는 것을 보고 지혜를 얻으라 개미는 두령도 없고 감독자도 없고 통치자도 없으되 먹을 것을 여름 동안에 예비하며 추수 때에 양식을 모으느니라(잠 6:6-8).

우리가 개미처럼 어려운 때를 위하여 저축하는 것은 지혜로운 일이다. 우리가 은퇴 이후를 대비하여 은퇴 적금을 들거나 국민 연금을 들어 두는 것은 비난할 일이 아니라 장려할 만한 일이다. 또한 디모데전서 5:8에서는 "누구든지 자기 친족 특히 자기 가족을 돌아보지 아니하면 믿음을 배반하는 자요 불신자보다 더 악한 자니라"고 하였다. 그러므로 배우자의 장래나 자녀의 학비를 위하여 물질을 저축하는 것도 마땅히 해야 할 일이다. 디모데전서 6:17-18은 다음과 같이 말씀한다.

> 네가 이 세대에서 부한 자들을 명하여 마음을 높이지 말고 정함이 없는 재물에 소망을 두지 말고 오직 우리에게 모든 것을 후히 주사 누리게 하시는 하나님께 두며 선을 행하고 선한 사업을 많이 하고 나누어 주기를 좋아하며 너그러운 자가 되게 하라(딤전 6:17-18).

하나님은 모든 사람이 직업을 가지지 않고 결혼도 않고 금욕적인 삶을 살기를 바라지 않으신다. 하나님은 오히려 그리스도인이 이 세상에서 삶의 즐거움을 누리기를 바라신다. 그리고 하나님께서 주신 물질로 다른 사람들에게 선을 베풀기를 바라신다.

물질이 악한 것도 아니고 물질을 누리는 것이 나쁜 일이 아니라면 도대체 무엇이 문제인가?

그 물질을 하늘에 쌓을 줄은 모르고 이 땅에만 쌓는 것이 문제이다. 다시 말해 하나님의 나라는 생각하지 않고 세상에 있는 즐거움만을 추구하는 것이 문제이다. 더구나 여기에서 "너희를 위하여" 보물을 땅에 쌓지 말라고 했다. 이 말씀은 우리의 이웃은 생각하지 않고 이기적으로 우리 자신과 오직 가족만을 위하여 보물을 땅에 쌓아서는 안 된다는 것이다.

그러면 왜 물질을 이 세상에 쌓아두지 말라고 하는가?

먼저 세상에 물질을 쌓는 것은 안전하지 못하기 때문이다. 고대 근동에는 은행이 없었기에 보물을 진흙 벽 사이에 감추어 두거나 땅 속에 묻어 두었다. 그런데 그것은 안전하지 못했는데 좀과 동록에 의해서 숨겨둔 보물이 상할 수가 있었다. 좀은 옷을 갉아먹는 나방과 그 유충을 말한다. 예전에는 옷이 무척 귀했기에 값비싼 옷은 보물과 같이 소중했다. 그런데 옷은 좀이나 곰팡이에 너무나 취약했고 한 번 상하면 그 가치를 보존하기 힘들었다. 또한 동록은 금속을 녹슬게 하는 것인데 동전이나 귀금속 등은 이것에 의해 부식되기 쉬웠다. 집이나 땅에 숨겨둔 보물은 언제나 도적들에게 빼앗길 위험에 처해 있기도 했다.

오늘 우리는 이처럼 물질을 집에 많이 보관하지 않기에 이러한 위험에 많이 노출되어 있지는 않다. 하지만 물질을 은행이나 주식이나 연금에 투자해도 여전히 안전하지 못하다. 어느 날 화폐의 가치가 하락할 수도 있고 주가가 폭락해서 큰 손해를 볼 수도 있다. 심지어 은행에 돈을 맡겨놓아도 은행이 파산해 손해를 볼 수도 있다. 전에는 부동산에 투자하여 벼락부자가 되기도 했지만 이제는 인구 감소 등으로 인하여 부동산 시장도 예전과 같지 않다. 아직도 부동산에 투자하여 큰돈을 벌려는 사람이 있다면 주께서 이사야 선지자를 통해서 말씀하신 경고를 들어야 한다. 이사야 5:8-9은 말씀하신다.

> 가옥에 가옥을 이으며 전토에 전토를 더하여 빈 틈이 없도록 하고 이 땅 가운데에서 홀로 거주하려 하는 자들은 화 있을진저 만군의 여호와께서 내 귀에 말씀하시되 정녕히 허다한 가옥이 황폐하리니 크고 아름다울지라도 거주할 자가 없을 것이며(사 5:8-9).

율법에 땅을 사고 파는 것을 금하고 부득이 그러했을 경우에 희년(50년째 해)에 반환하라고 하셨다(레 25:28). 그 이유는 사회에 빈부의 격차가 영원히 고착되지 않도록 하기 위해서였다. 그리스도인은 아무리 물질적으로 이득을 볼 수 있다고 해도 해서는 안 될 투자와 사업이 있다. 그 중의 하나가 부동산 투자이다.

다음으로 긍정적으로 "오직 너희를 위하여 보물을 하늘에 쌓아두라"고 하셨다. 이 구절은 유대 랍비들의 문헌들에도 나온 말이다. 유대 문헌에 의하면, 무엇이나 선하고 영원한 가치를 지닌 것은 이 세상에서 우리가 어떻게 행하느냐에 따라 달려 있다고 했다. 이와 같이 우리가 물질로 다른 사람을 돕는 선한 행동을 통해서 보물을 하늘에 쌓을 수가 있다. 디모데전서 6:18-19에서 말씀하신다.

> 선을 행하고 선한 사업을 많이 하고 나누어 주기를 좋아하며 너그러운 자가 되게 하라 이것이 장래에 자기를 위하여 좋은 터를 쌓아 참된 생명을 취하는 것이니라(딤전 6:18-19).

다름 아닌, 물질로 다른 사람을 섬기는 것이 이 땅에 자기를 위하여 터를 쌓는 것이 아니라 하늘에 좋은 터를 쌓는 것이며 참된 생명을 얻는 길이라는 것이다. 본문에서 하늘에 보물을 쌓아야 좀이나 동록이나 도적으로부터 안전하다고 했다. 또 베드로전서 1:3-4에서는 하늘에 대한 소망 곧 하늘의 기업은 "썩지 않고 더럽지 않고 쇠하지" 않는다고 말씀했다. 그러므로 사라질 것과 영원히 누리지 못할 것에 마음을 두는 것은 어리석은 일이다.

반면에 우리의 소망을 하나님의 나라에 두는 일은 지혜로운 일이다. 그러므로 본문은 "네 보물이 있는 그곳에는 네 마음이 있느니라"(21절)고 말한다. 우리의 마음이 이 땅의 물질을 향하지 말고 하나님의 나라를 향해야 한다는 것이다. 흥미로운 것은 20절에서는 "너희를 위하여 보물을 하늘에 쌓으라"고 복수를 사용했지만 21절에서는 "네 보물이 있는 그 곳에는 네 마음도 있느니라"고 하여 단수를 사용했다는 점이다. 이 말씀에는 많은 사람들이 보물을 세상에 쌓더라도 너만은 하늘에 쌓으라는 주님의 간절한 기대가 담겨 있다.

2) 마음의 눈(6:22-23)

여기서는 두 종류의 눈에 대한 말씀이 나오는데, 하나는 성한 눈이고 또 하나는 나쁜 눈이다. 성한 눈이란 다른 말로 건전한 눈, 건강한 눈, 그리고 맑은 눈을 의미한다. 이 눈은 그 초점이 하나님에게만 맞추어져 있다. 마태복음 5:8에서는 "마음이 청결한 자는 복이 있나니 저희가 하나님을 볼 것임이요"라고 했다.

마음이 청결하다는 것은 두 마음을 품지 않는 것이다. 즉 하나님도 사랑하고 세상도 사랑해서는 안 된다. 이런 사람은 삶 가운데서 하나님을 체험할 수 없다. 만일 마음의 눈이 하나님에게도 향하여 있고 돈에도 향하여 있다면 그 눈은 건강한 눈이 아니다.

다음으로 나쁜 눈 혹은 악한 눈에 대해 살펴보자. 나쁜 눈, 악한 눈을 가진 사람은 삶에 있어서 분명한 방향이 없이 어두움 가운데 방황하며 살아간다. 이들은 부자가 되려고 돈에 눈이 먼 사람들이다. 디모데전서

6:9-10에서 말씀하신다.

> 부하려 하는 자들은 시험과 올무와 여러 가지 어리석고 해로운 욕심에 떨어지나니 곧 사람으로 파멸과 멸망에 빠지게 하는 것이라 돈을 사랑함이 일만 악의 뿌리가 되나니 이것을 탐내는 자들은 미혹을 받아 믿음에서 떠나 많은 근심으로써 자기를 찔렀도다(딤전 6:9-10).

본문 21-22절은 "눈은 몸의 등불이니 그러므로 네 눈이 성하면 온몸이 밝을 것이요 눈이 나쁘면 온몸이 어두울 것이니 그러므로 네게 있는 빛이 어두우면 그 어두움이 얼마나 하겠느냐"고 하였다. 이 말씀은 우리의 눈은 마음의 등불인데 그 눈에 하나님이 보이는 것이 아니라 돈만 보인다면 그 마음이 얼마나 어둡겠느냐고 물으신 것이다.

바둑에 미쳐 있는 사람은 누워있어도 천장이 온통 바둑판으로 보인다. 장기에 미치면 장기판만 보이고 화투에 미치면 화투패만 보이고 골프에 미치면 골프 홀만 보인다.

오늘 우리의 눈은 어디에 초점이 맞추어 있는가?

텔레비전의 드라마나 스포츠인가, 아니면 오락 게임이나 사행성 게임인가?

아니면 주식 시황인가?

우리의 눈이 이런 것들을 향하고 있다면 거기에 우리의 마음이 있다. 거기에 우리의 마음이 있다면 우리가 하나님을 사랑하지 않고 있다는 말이다.

3) 마음의 섬김(6:24)

예수님은 그리스도인의 삶을 물질주의의 삶과 대조하면서 물질을 섬길 것인가 아니면 하나님을 섬길 것인가를 선택할 것을 요구하신다. 종의 본질은 주인에게 마음으로 헌신하는 것이다. 그러므로 예수님은 전적으로 하나님만을 섬길 것인가 아니면 부분적으로 섬길 것인가를 촉구하신다. 하나님을 전적으로 섬기지 않는다면 그것은 섬기지 않는 것과 같다는 것이다.

과거에 이스라엘 사람들은 애굽에서 나와서 가나안 땅에 정착해서 하나님과 바알을 동시에 섬겼다. 그들이 생각하기에 자신들의 신은 호렙 산의 신이요 유목민의 신인데 이제 가나안 땅에 정착했으니 풍요와 다산을 가져다준다고 믿어지는 농경의 신 바알도 섬겨야 될 것으로 생각했다. 그들은 바알 신을 섬기면서 여호와에 대한 제사도 드렸기 때문에 단 한 번도 여호와를 버린 적이 없다고 생각했다. 이러한 혼합주의적인 신앙이야말로 하나님이 가장 혐오하는 범죄이다. 이것이 우상숭배요 두 마음을 품는 죄이다(호 10:1-2). 시편 24편에 의하면 이런 자들은 하나님의 거룩한 산에 오를 자격이 없는 자들이다.

오늘날의 우리 역시 마찬가지이다. 우리가 두 주인을 섬긴다면 반드시 하나는 사랑하고 하나는 덜 사랑하게 되어있다. 덜 사랑하는 것을 유대인의 표현에 의하면 미워한다는 말이다. 또한 우리에게 두 주인이 있으면 하나는 소중히 여기고 또 하나는 가볍게 여긴다고 했다.

그러면 우리가 주님을 더 사랑하고 돈을 덜 사랑하면 된다는 말인가?

아니, 그 말이 아니다. 이 말씀은 우리가 하나님과 돈을 동시에 섬길 수 없다는 말씀을 하시려는 것이다. 우리에게 두 주인이란 있을 수 없듯이 그리스도인은 하나님에게만 전적으로 헌신해야 한다는 것이다.

오늘날 우리는 자본주의 사회에서 살고 있다. 자본주의는 돈이 인간의 가치와 삶의 질을 결정한다.

이처럼 돈이 신으로 군림하고 있는 이 시대에 어느 누가 돈에게 무릎을 꿇지 않고 하나님을 섬길 수 있을 것인가?

오직 하나님의 성령의 능력이 아니면 결코 이런 일이 있을 수가 없다. 우리가 하나님을 섬긴다고 하면서도 우리의 마음의 동기를 우리 스스로 분별하지 못할 때가 너무나 많다. 하지만 이러한 말씀들을 항상 묵상하고 기도함으로 반드시 분별하도록 노력해야한다. 하나님의 심판대 앞에서는 우리의 마음의 동기가 분명히 드러날 텐데 그 때에는 후회해도 아무런 소용이 없기 때문이다.

생각하기

1. 다음 구절들은 성경의 물질관을 말하고 있다.

   (1) 먼저 디모데전서 6:17-19에서 부유한 자들에게 무엇을 권면하고 있는가? (참고 딤전 5:8)

   (2) 잠언 6:6-8을 볼 때 물질을 저축하는 것에 관하여 어떻게 생각하는가?

   (3) 마태복음 6:19은 우리에게 무엇이라고 말하는가?
   왜 그렇게 하지 말라고 했는가?

   (4) 마태복음 6:20-21에서는 반면에 물질을 어떻게 하라고 말하는가?
   이 말이 의미하는 바는 무엇인가?

2. 베드로전서 1:3-4에서 "썩지 않고 더럽지 않고 쇠하지 않는 것"은 무엇인가?
   반면에 썩고 더럽고 쇠하는 것에는 어떤 것들이 있는가?

3. 마태복음 6:22-23은 마음의 눈에 대해 말씀하고 있다.
   물질과 관련하여 성한 눈과 나쁜 눈은 무엇을 말하는가?

4. 마태복음 5:8은 어떤 사람이 좋은 눈을 가지고 하나님을 볼 것이라고 했는가?

5. 디모데전서 6:9-10에서 부자가 되려고 돈에 눈이 먼 자들은 어떠하다고 했는가?

6. 마태복음 6:24에서 우리가 두 주인을 섬길 수 있다고 했는가?
주님을 더 사랑하고 물질은 그 다음으로 사랑해도 된다는 말인가?

2. 물질에 대한 염려와 하나님에 대한 신뢰(마 6:25-34)

> 세상 사람들은 의식주와 같은 기본적인 필요를 염려하며 이것을 위해 살지만, 그리스도인들은 이것을 주께 의지하고 그의 나라와 의를 위해 살아야 한다.

본문 말씀은 우리의 일상적인 필요에 대하여 "염려하지 말라"고 세 번씩이나 반복한다(25, 31, 33절). 그리고 27절은 생명에 대하여 염려하는 것이 무익함을 말하고 28절에서도 "어찌 의복을 위하여 염려하느냐?"고 묻는다. 예수님은 이와 같은 우리의 필요에 대하여 염려하지 말고 하나님을 믿고 먼저 그의 나라와 의를 위하여 힘쓰라고 하신다.

그러면 우리가 염려하지 말아야 하는 이유가 무엇인가?

첫째, 우리가 염려하지 말아야 하는 이유는 염려하는 것은 하나님에 대한 믿음과 상반되기 때문이다.

그리스도인들에게 가장 기본적인 신앙은 하나님이 우리의 아버지라는 것이다. 하나님은 우리에게 생명을 주셨기 때문에 우리의 생명을 위하여 먹을 양식을 주실 의무가 있다. 하나님은 더구나 이 땅의 우리의 육신의 아버지가 아니라 하늘에 계신 분이기에 능히 우리의 필요를 채우실 수가 있는 분이시다.

바로 이런 말씀을 하시기 위하여 예수님은 하나님의 피조물들을 예로 들고 있다. 그 예의 하나는 공중의 새요 다른 하나는 들의 백합화이다. 공중의 새는 심지도 추수하지도 창고에 모아들이지도 않는다. 이것들은 모두 당시 남자들이 하는 일이다. 예수님이 노동을 금지하신 것이 아니다. 데살로니가후서 3:10에서는 "일하기 싫어하는 자는 먹지도 말라"고 했다. 이 말씀은 새들이 남자들처럼 노동을 안 하더라도 하나님께서 그것들을 먹이셨다면 우리는 새들보다 얼마나 더 잘 먹이시겠느냐는 것이다.

주님은 또 들의 백합화를 예로 들었다. 백합화들은 수고도 안 하고 길쌈도 안 한다고 하셨다. 당대의 문화에서 이것은 여자들의 일이다. 백합화들은 여자들처럼 의복을 만들기 위해 수고하지 않지만 하나님께서 이것들을 입히셨다. 그것도 솔로몬이 입었던 모든 옷보다도 더 아름답게 입히셨다. 이와 같이 오늘 있다가 내일 아궁이에 던져지는 들풀도 하나님께서 이렇게 입히시는데 우리는 얼마나 더 잘 입히시겠냐고 말씀하셨다. 우리는 이렇게 염려하지 말라는 말씀을 수없이 많이 들어도 우리의 생각 가운데 염려를 몰아내지 못한다. 우리의 염려가 사라지기 위해서는 근본적으로 세계를 바라보는 시야가 바뀌어야 한다.

우리는 우리가 무엇을 먹고 무엇을 입고 어디에 살고 하는 등의 외형적인 것을 너무나 소중히 여긴다. 그래서 어느 곳이 맛있더라 하는 소문이 있으면 팔도강산을 다 찾아다니며 반드시 먹고야 만다. 어떤 옷이나 가방이나 신발이 명품이라면 짝퉁이라도 사야한다. 어떤 사람이 어디에 살고 있는지와 무슨 차를 가지고 있는지에 따라 그 사람에 대한 대우가 달라진다. 같은 평수의 아파트라고 해도 주공 아파트냐 민간 아파트냐에 따라 아이들까지도 서로 차별한다. 이것이 우리가 사람을 판단하는 기준이고 그것 때문에 우리에게 염려가 많다.

그런데 주님은 우리의 생명과 인격 자체를 소중하게 생각하신다. 그러기에 우리에게 이렇게 물으신 것이다.

"너희 생명이 중요하냐, 아니면 음식이 중요하냐?

인격이 중요하냐, 아니면 의복이 중요하냐?"

필자가 여기서 몸을 인격으로 바꾼 것은 요즈음에 외모를 너무 중시해서 성형수술이 유행하고 있어서 오해의 소지가 있기 때문이다. 주님은 우리의 외모를 보시지 않는다. 우리는 속지 말아야 한다. 유행과 풍조를 따라 살다 보면 앞서 말한 것처럼 외적인 것을 중시하는 것이 모두에게 자연스럽과 당연할 것 같아 보이지만 실상 우리의 내면 깊은 곳은 이런 것들로 사람을 평가하지 않는다는 점을 기억할 필요가 있다.

가령 어떤 사람이 죽어 장사지낼 때, 그 사람의 외모를 생각하는가?

그 사람이 어떤 명품 옷이나 가방을 들었던 것을 기억하는가?

아니다. 그 사람이 다른 사람과 사회에 어떤 일을 하였는가를 생각한다. 그 사람이 사람들에게 덕을 끼쳤으면 그 사람을 애도하고 그렇지 못하면 오래 기억하지 않는다.

그러므로 우리의 신앙관, 인생관, 그리고 세계관이 바뀌어야만 우리는 염려로부터 자유로울 수가 있다. 이처럼 염려는 우리의 신앙과 양립할 수 없기에 염려하는 자들에게 예수님은 30절에서 "이 믿음이 적은 자들아!"라고 꾸짖으셨다. 이와 동일한 말씀이 마태복음 8:23-27에도 나온다. 예수님과 제자들이 배를 타고 가실 때 풍랑이 심히 일고 있었다. 이때 예수님은 주무시고 계셨는데 제자들이 풍랑이 무서워 주님을 깨우자 주님이 "믿음이 적은 자들아!"라고 꾸짖으셨다. 예수님이 곁에 계셔서 생명을 보호하시기에 풍랑이 해칠 수 없는데 그들은 그분을 믿지 못했던 것이다. 또한 32절에서는 의식주와 같은 필요를 위해서 사는 자들은 이방인들이라고 했다. 그리스도인들은 이런 것들을 위해 염려할 필요가 없다는 것이다.

둘째, 우리가 염려하지 않아야 할 이유는 염려가 우리의 생명을 연장하거나 장래의 어떤 일을 바꿀 수 없기 때문이다.

우리가 염려하는 근본적인 원인은 우리의 생명이 짧다는 데 있다. 그래서 생명을 연장하기를 원하고 내일에 불안해하는 것이다. 그런데 이러한 염려는 전혀 우리의 문제를 해결하는 데 도움이 되지 않는다. 한글 성경 27절에 "너희 중에 누가 염려함으로 그 키를 한 자나 더할 수 있느냐"고 되어 있다.

여기서 "키를 한 자"라고 쓰인 단어는 "생명의 길이"라고 보아야 타당하다. 물론 키와 생명 둘 다 가능성이 있지만 문맥으로 보면 "생명의 길이"가 더 타당하다는 것이다. "한 자"라는 것은 손끝에서 팔꿈치까지의 길이로 약 46cm가 된다. 그런데 키를 46cm나 크기 위해서 염려하는 사람은 그렇게 많지 않다. 그래서 본문은 "너희 중에 누가 염려함으로 그의 생명을 조금이라도 연장할 수 있느냐?"라고 해야 한다. 우리말 개역개정판에는 "키"란 단어의 각주에 "혹은 목숨"이라고 해 놓았고 NIV 성경도 "그의 생명을 한 시간이나 더할 수 있느냐?"고 하고 있다.

우리의 생명은 아무리 염려해도 해결할 수가 없다. 그래서 우리에게 "믿음"이 필요하다. 또한 염려한다고 해도 미래의 일을 바꿀 수가 없다. 통상 우리가 염려하는 것은 과거나 현재의 일이 아니다. 우리는 미래에 되어 질 일을 미리 사서 걱정하는 것이다. 그러므로 사서 걱정할 필요가 없다는 것이다. 예컨대 우리가 운전면허 시험을 앞두고 있다면 떨어질 것이 염려가 될 것이다. 그런데 우리의 염려와 상관없이, 혹은 염려했음에도 불구하고 운전면허에 합격할 수가 있다. 이 경우에는 우리가 불필요하게 염려했던 것이 된다. 또한 염려한 대로 떨어질 수도 있다. 그렇다면 그때 괴로워해도 늦지 않았는데 그 전부터 염려했으니 배로 고통을 당했다. 그래서 예수님은 이렇게 말씀하신 것이다.

> 그러므로 내일 일은 내일 염려할 것이요 한 날의 괴로움은 그날에 족하다(마 6:34).

그러면 우리가 염려하지 않고 무엇을 할 수 있을 것인가?
염려에 대한 첫 번째 해결책은 기도와 찬송이다. 바울은 빌립보서 4:6-7에서 다음과 같이 말했다.

> 아무 것도 염려하지 말고 다만 모든 일에 기도와 간구로, 너희 구할 것을 감사함으로 하나님께 아뢰라 그리하면 모든 지각에 뛰어난 하나님의 평강이 그리스도 예수 안에서 너희 마음과 생각을 지키시리라(빌 4:6-7).

바울은 우리가 염려하지 말고 기도하되 하나님께서 우리 기도를 들어 주실 것을 믿고 감사하라고 했다. 요나는 아직 물고기 뱃속에 있었을 때에, 요나서 2:9에서 이렇게 고백했다.

> 나는 감사하는 목소리로 주께 제사를 드리며 나의 서원을 주께 갚겠나이다(욘 2:9).

하나님은 이 기도를 들으시고 그를 구원해 내셨다.

이처럼 구약의 성도들이 하나님께 감사제를 드릴 때는 모든 상황이 감사할 조건이라서가 아니라 하나님이 자신을 어려움에서 건져 주실 것을 믿고 감사제를 드렸다. 그 다음으로 찬양을 드리는 것이다. 시편 149편은 하나님께서 그 백성을 구원하실 것을 인하여 춤추며, 소고와 수금으로 주님을 찬양하라고 했다. 특별히 6절은 "그 입에는 하나님의 존영이요 그 수중에는 두 날 가진 칼이로다"라는 말씀이 있다. 다시 말하면 입술로 하나님을 찬양하는 것이 곧 원수를 무찌르고 구원을 획득하는 무기라는 것이다.

7절에서는 이 찬양의 칼로 열방을 보수하며 민족들을 벌하고 8절에서는 저희 왕들을 사슬로 저희 귀인은 쇠고랑으로 결박하게 된다고 했다. 찬양은 우리가 원수들에 대항하는 최고의 무기이며 우리의 문제를 해결하는 열쇠이다. 바울과 실라가 빌립보의 감옥에 갇혀 있었을 때, 그들은 기도하고 하나님을 찬양했다. 이때 큰 지진이 일어나 옥터가 움직이고 옥문이 다 열리며 그들의 사슬이 다 풀어졌다. 이처럼 성도에게 있어 찬양은 원수의 진을 파하는 가장 강력한 무기이다. 그러므로 우리가 삶의 무게에 짓눌리고 걱정되고 염려될 때 오히려 하나님께 감사와 찬양을 드려야한다. 바로 이것이 우리의 문제를 해결하는 길이다.

예수님은 우리의 기본적인 필요를 위해 염려하지 말고 먼저 하나님의 나라와 의를 구하라고 하셨다. 이는 하나님의 다스림이 이 세상과 우리 자신에게 임하게 하기 위해서 최선을 다하라는 말이다. 그러할 때 하나님은 그의 나라를 위해 일하는 자들에게 은혜 가운데 모든 필요를 공급하신다. 단 하나님께서 이를 공급하실 때 하나님께 헌신된 사람들을 통해서 하신다. 그 풍성한 은혜를 먼저 참된 그리스도인들에게 공급하셔서 그들로 하여금 다른 사람들을 돌보게 하신 것이다(고후 9:8). 그래서 그들이 하나님의 은혜와 축복의 통로가 되게 하시려는 것이다(사 58:9 하반절-12).

그런데 하나님께서는 다른 사람에게 흘러가도록 우리에게 은혜를 주셨는데 그것을 모르고 자신만을 위해 그것을 간직하고 있다면, 하나님께서 어찌 그 은혜를 거두어 가시지 않겠는가?

중국 선교사 허드슨 테일러나 고아들의 아버지 조지 뮬러는 하나님의 공급하심에 부족함이 없음을 체험했던 사람들이다. 일상의 기본적인 필요가 채워지지 않을 때 우리는 염려하기보다는 하나님께서 공급하실 것을 믿고 감사하자. 오늘 우리에게 먹을 양식이 남아 있으면 그것으로 우리의 이웃을 섬기도록 하자. 바로 이것이 하나님이 우리를 부르신 뜻이다.

생각하기

1. 마태복음 6:25에서 주님은 무엇을 말씀하셨는가?

   왜 이런 것들에 대하여 염려하지 말아야 하는가?

   26절에서 "염려하지 말라" 하시며 무엇을 예로 들었는가?

   28-29절에서는 무엇을 또 예로 들었는가?

   30절에서 일상적인 삶을 인하여 염려하는 자들을 어떻게 책망했는가?

   마태복음 8:23-27에서는 예수님이 왜 제자들을 이렇게 꾸짖었는가?

   32절에 보면 일상적인 삶을 위해 염려하는 자들은 누구인가?

   여기에서 이방인이란 누구를 말하는가?

2. 27절에서는 우리가 염려하지 말아야 할 이유가 무엇이라고 했는가?

   (참고 "키를 한 자"[18인치: 46cm], 혹은 "생명의 날"[NIV])

   빌립보서 4:6-7은 우리가 염려하는 대신에 무엇을 하라고 말씀하고 있는가?

3. 최종적으로 우리가 염려하기보다는 힘써야 할 것이 무엇이라고 했는가?

   (마 6:33)

제9장

율법의 핵심(마 7:1-12)

> 우리가 이웃의 사랑과 존중을 받으려면 이웃을 그만큼 사랑하고 존중해야 하고 하나님께 기도의 응답을 받으려면 하나님의 말씀에 순종해야 한다.

예수님은 천국백성의 율법을 시작하시면서 다음과 같이 말씀하셨다.

> 내가 율법이나 선지자를 폐하러 온 줄로 생각하지 말라 폐하러 온 것이 아니요 완전하게 하려 함이라(마 5:17).

주께서 율법을 완성하기 위해서 오셨다는 것이다. 그리고는 그리스도인이 지켜야 할 계명을 유대주의와 물질주의와 대조해서 말씀하셨다. 특별히 이방인의 삶과 그리스도인의 삶을 비교하시면서 마태복음 6:19-34에서 우리의 재산과 일상적인 필요에 대하여 우리가 어떤 자세를 가져야 할지 말씀하셨다. 그런데 이제 예수님은 우리가 그리스도인으로서 다른 사람에 대하여 어떤 자세를 가져야 하는지를 가르쳐 준다. 이 말씀을 하신 후에 예수님은 마지막 12절에서 "이것이 곧 율법이요 선지자"라고 하셨다. 이 말씀이 곧 율법의 핵심이라는 말이다. 이제 그 핵심이 무엇인지 살펴보겠다.

1절에서 예수님은 "비판을 하지 말라"고 하셨다. 그런데 이 말씀은 예수님이 모든 사람을 어떤 일에도 비판을 하지 말라는 말씀이 아니다. 먼저 비판하지 말라는 말씀의 대상이 누구인지 살펴보자. 예수님은 3절 말씀에서 "어찌하여 형제의 눈 속에 있는 티는 보고 네 눈 속에 있는 들보는 깨닫지 못하느냐?"라고 했다. 따라서 "비판하지 말라" 하신 그 대상은 비신자들이 아니라 신자들이다. 우리가 비신자들의 삶을 비판하지 못하면 그들을 그리스도께 인도할 수가 없다.

오늘날 신자들은 수단 방법 가리지 않고 돈을 벌어 방탕한 생활을 하는 자들을 비판하기보다는 오히려 동경하기 때문에 그들에게 복음을 전하지 못한다.

반면에 교회 내에 형제들에게는 얼마나 비판적인가?

예수님은 우리에게 형제들끼리 비판하지 말라 하신 이유는 우리가 비판하는 그 기준에 따라 우리 자신이 심판을 받기 때문이라고 했다. 본문 2절에서 예수님은 "너희의 비판하는 그 비판으로 너희가 비판을 받을 것이요, 너희의 헤아리는 그 헤아림으로 너희가 헤아림을 받을 것이니라"라고 말씀하셨다. 야고보서 4:11-12에서도 형제를 비방하거나 판단하지 말라고 하였다.

> 형제들아 서로 비방하지 말라 형제를 비방하는 자나 형제를 판단하는 자는 곧 율법을 비방하고 율법을 판단하는 것이라 네가 만일 율법을 판단하면 율법의 준행자가 아니요 재판관이로다 입법자와 재판관은 오직 한

분이시니 능히 구원하기도 하시며 멸하기도 하시느니라 너는 누구이기에 이웃을 판단하느냐"(약 4:11-12).

이 말씀처럼 우리는 하나님의 말씀에 순종해야 할 자들이다. 우리는 하나님의 말씀으로 형제를 판단할 위치에 있지 않다. 로마서 14장에서 우리는 바울 당시에 어떤 일로 형제들이 서로를 비판했는가를 알 수 있다. 하나는 먹는 것의 문제였는데 고기를 먹는 것과 포도주를 마시는 것에 대한 문제였다(21절). 또 하나는 날에 관한 것으로 유대인의 안식일이나 절기를 지키는 문제였다. 바울은 이 문제들에 대하여 마음의 동기를 강조하였다. "날을 중히 여기는 자도 주를 위하여 중히 여기고 먹는 자도 주를 위하여 먹으니 이는 하나님께 감사함이요 먹지 않는 자도 주를 위하여 먹지 아니하며 하나님께 감사하느니라"(6절)고 하였다.

이와 같이 마음의 동기가 중요한 것은 우리가 하나님의 심판대에 설 때에는 하나님 앞에 각자의 마음의 동기가 분명히 드러날 것이기 때문이다(12절). 바울은 사실상 이러한 특정한 날이나 먹는 것에서 자유로웠다. 하지만 그는 연약한 형제가 자신을 인하여 실족하지 않도록 이러한 자유를 스스로 제한하였다. 바울은 한편으로는 우리에게 어떤 것이든지 형제를 결코 비판하지 말라고 권면하였다. 바울은 우리의 형제는 우리의 종이 아니라 하나님의 종이라고 했다(롬 14:4).

그러므로 우리가 형제를 내 생각대로 바꾸려고 해서는 안 된다. 형제는 하나님의 종이기에 하나님께서 그를 하나님의 뜻대로 바꾸어가실 것이다. 바울은 다른 한편으로는 덕을 위하여 형제에게 비판을 받을 행동도 하지 말라고 하였다. 오늘날 우리도 우리의 기준으로 형제를 판단하는 일들이 많이 있다. 우리는 여러 문제들에 대하여 "그것이 하나님을 사랑하는 마음의 동기에서 나온 일인가, 그리고 그것이 우리의 형제에게 덕이 되는가?" 하는 관점에서 결정해야 한다. 형제에게 덕이 되는가를 살피는 것은 어떤 계명보다도 형제 사랑이라는 법이 최우선하다는 말이다. 그런데 우리가 어떤 선택을 하든지 우리가 선택한 기준으로 형제를 비판해서는 안 된다.

예수님은 자신보다 바른 형제를 비판하는 사람들에게 "어찌하여 형제의 눈 속에 있는 티는 보고 네 눈 속에 있는 들보는 깨닫지 못하느냐?"고 말씀하셨다. 여기에서 티는 목재를 자를 때 나오는 톱밥 같은 작은 먼지이다. 이에 비하여 "들보"란 지붕을 받치기 위하여 벽 위를 가로지르는 커다란 널빤지이다. 우리가 형제들을 비방하거나 비판하는 것에서 그치면 그나마 다행이다. 우리는 흔히 거기에서 더 나아가 형제를 내 생각으로 바꾸려고 든다. 예수님이 그 다음 절에서 말씀하신 것이 이것이다.

> 보라 네 눈 속에 들보가 있는데 어찌하여 형제에게 말하기를 나로 네 눈 속에 있는 티를 빼게 하라 하겠느냐(마 7:4).

자신의 눈의 들보는 보지도 못하고 형제의 눈의 티를 빼려든다는 것이다. 예수님은 5절에서 다른 사람을 비판하는 사람을 "외식하는 자여"라고 하셨다. 이 말씀에서 우리가 다른 사람을 비판하는 근본 원인은 나는 그 사람보다 낫다는 생각이라는 것을 알 수 있다. 곧 영적인 교만이 잠재되어 있다는 것이다.

하나님께서 세상에서 가장 싫어하시고 가장 무서운 죄는 영적인 교만이다. 살인이나 간음 같은 죄들은 하나님 앞에 회개하여 구원을 얻을 수 있다. 그러나 교만은 하나님 앞에서도 자신을 주장하기에 구제받을 길이 없다. 그러므로 예수님은 다른 사람을 돕고자 하는 자는 먼저 자신의 눈 속에서 들보를 빼어야, 그 후에야 밝히 보고 형제의 눈 속에서 티를 뺄 수 있다고 말씀하셨다.

이 말씀에서 우리는 예수님이 어떤 경우에도 전혀 비판을 하지 말라고 말씀하셨던 것이 아니라는 사실을 발견한다. 우리가 다른 사람이 성장하도록 돕기 위해서는 그에 대하여 정확하게 판단하는 눈이 필요하다. 하지만 그 전에 우리 자신의 마음의 동기를 올바로 분별하고 잘못된 것을 고치는 것이 필요하다.

언뜻 보기에는 6절에 기록된 "거룩한 것을 개에게 주지 말며 너희 진주를 돼지 앞에 던지지 말라"라는 말씀은 앞의 구절들과 별로 관계가 없어 보인다. 하지만 이는 앞 구절과 연관성이 있다. 우리는 지금 율법의 핵심이 무엇인가에 대하여 공부하고 있다. 하나님의 계명을 열심히 지키고 완전함을 추구하다 보면 다른 사람들에 대한 사랑이 결핍될 수가 있다. 그래서 바로 앞의 말씀에서 관용이 없는 비판에 대하여 주님은 주의하라고 말씀하신 것이다. 반면에 우리가 다른 사람에게 사랑이 지나치다 보면 비판력을 상실할 수가 있다.

부모들이 자식 사랑에 눈이 멀어 자녀들을 올바로 지도하지 못해 망치는 경우가 얼마나 많은가?

우리에게는 다른 사람에게 거룩한 것을 줄 것인가 아니면 비판을 해야 할 것인가를 결정해야 할 때가 있다. 6절 말씀이 바로 이것을 말하고 있다. 여기에서 나온 개는 애완용 개가 아니라 거리를 떠돌아다니는 개이다. 우리나라에서도 공원에서 사람들이 이런 개에 물려서 해를 입은 일들이 종종 발생하고 있다. 하반절의 돼지 역시 유대인들이 부정하게 여기는 동물이다. 그래서 유대인들은 이방인들을 돼지로 비유하였다. 여기에서 개와 돼지는 이단들이나 거짓 교사들이다.

빌립보서 3:2에서도 육체의 할례를 주장하는 이단들을 개들로 불렀다.

> 개들을 삼가고 행악하는 자들을 삼가고 몸을 상해하는 일을 삼가라 (빌 3:2).

베드로후서 2:21-22에서도 다음과 같이 말씀하셨다.

> 의의 도를 안 후에 받은 거룩한 명령을 저버리는 것보다 알지 못하는 것이 도리어 그들에게 나으니라 참된 속담에 이르기를 개가 그 토하였던 것에 돌아가고 돼지가 씻었다가 더러운 구덩이에 도로 누웠다 하는 말이 그들에게 응하였도다(벧후 2:21-22).

여기에서도 신앙을 배반한 자를 개와 돼지로 비유했다. 다시 마태복음 6:6에서 "거룩한 것," "진주"는 하나님 나라의 복음이다. 결론적으로 이 사람들은 하나님의 말씀을 듣고도 끝까지 거부하며 오히려 말씀을 전하는 자들을 핍박하는 사람들이다.

예를 들어 보자. 한 진실한 목사님이 교회를 성실하게 섬기고 있었다. 다른 사람들은 모두 목사님이 전한 말씀을 잘 받아들이는데 그 중에 어떤 사람은 목사님의 말씀을 전혀 받아들이지 않았다. 그는 받아들이지 않을 뿐 아니라 그 말씀을 정면으로 거부하며 성도들에게 이단의 가르침을 전파하고 다녔다. 이러한 경우에 그 목사님은 그 사람을 교회에서 출교할 것인지 그렇지 않을 것인지 신중하게 판단해야 한다. 그런데 이것은 매우 중대한 문제이기에 아주 극한 상황에서만 적용해야 한다. 바로 이러한 상황에서 우리에게 지혜와 성령이 가장 필요하며, 우리는 그것을 얻기 위해서 기도해야 한다.

1-6절은 그리스도인들의 다른 형제들이나 이단들과의 관계를 다루었다. 이 관계들 가운데 우리에게 필요한 것은 관용과 지혜였다. 그 다음의 7-11절은 그리스도인들의 하나님과의 관계를 다루고 있다. 우리가 이웃과의 관계에서 관용과 지혜와 같은 덕목을 얻기 위해서는 하나님께 기도가 필요하다.

먼저 우리가 생각해야 할 것은 기도가 하나님의 명령이라는 것이다. 하나님께서 기도를 명령하신 것은 기도가 우리에게 유익이 되기 때문이다. 기도는 하나님으로부터 온갖 좋은 것을 얻을 수 있는 방법이다. 하나님께서는 우리에게 은혜를 주시려고 항상 귀를 기울이고 계신다. 그런데 우리는 우리의 게으름과 불신앙 때문에 하나님께 구하지 않는다. 주께서는 우리에게 구하라고 하셨다.

이 말씀은 우리의 마음의 소원을 입을 열어 공손하게 아뢰라는 것이다. 그리고 "찾으라"고 하셨다. 이 말씀은 기도를 해보니 응답이 안 된다고 포기하지 말고, 계속해서 성실하게 구하라는 것이다. 다음으로 "문을 두드리라"고 했다. 문은 닫혀 있기 때문에 두드리는 것이다. 아무리 구하고 찾아도 사방팔방이 닫혀있는 듯이 열리지 않아도 우리는 하나님의 뜻을 부지런하고 열정적으로 추구해야 한다.

누가복음 11:5-8에서 예수님은 우리가 포기하지 말고 끊임없이 기도할 것을 한 친구의 예를 들어 말씀하셨다. 어떤 사람에게 한 친구가 있는데 한밤중에 그에게 찾아와 떡을 구했다. 그 친구에게 여행 중에 찾아온 또 다른 친구가 있어 음식을 대접하고 싶은데 음식이 없다며, 떡 세 덩이를 달라고 부탁했다. 예수님은 그가 친구라는 것 때문에 밤에 일어나 그에게 필요한 음식을 주는 것이 아니라, "강청함"을 인하여 그 소용대로 준다고 하셨다.

우리말의 "강청함"이란 "끊임없이 구한다"는 의미가 있다. 그런데 이 단어의 헬라어를 다른 뜻으로 번역하지면, "담대함"이나 "부끄러움을 모르는 뻔뻔함"[1]으로 쓸 수 있다. 이 용어가 "지속적으로 구할 것"을 말하든지 "담대하게 구할 것"을 말하든지 거기에는 모두 자신의 친구가 소원을 들어줄 것이라는 신뢰가 들어있다. 마찬가지로 우리가 기도할 때 하나님께서 우리에게 요구하시는 것은 우리의 믿음이다. 하나님께서 우리가 아무리 기도해도 응답을 주시지 않는 경우가 있는데, 거기에는 우리가 기도를 지속하는 가운데 우리의 믿음이 자라기를 바라는 하나님의 뜻도 들어있다.

기도는 하나님의 명령일 뿐 아니라 하나님의 약속이다. 예수님은 8절에서 "구하는 이마다 얻을 것이요 찾는 이가 찾을 것이요 문을 두드리는 자에게 열릴 것이라"고 약속하셨다. 예수님은 악한 자와 하나님을

---

1 New King James Version, New American Standard Bible에서는 "강청함"으로 New International Version에서는 "담대함"으로 번역했다.

대조하여 하나님이 기도를 반드시 들어 주실 것을 말씀하셨다. 악한 자가 자신의 아들에게 좋은 것을 주었다면 하나님께서는 얼마나 더 좋은 것을 그의 아들들에게 주시지 않겠느냐고 우리에게 반문하신다.

어찌 악한 자와 절대 선하신 하나님과 비교할 수 있겠는가? 그렇게 비교할 수 없을 정도로 하나님은 우리를 사랑하시고 더욱 큰 은혜를 베풀어 주신다. 11절에서는 "너희 아버지께서 구하는 자에게 좋은 것을 주시지 않겠느냐?"고 하셨는데 동일한 구절이 누가복음 11:13에서는 "구하는 자에게 성령을 주시지 않겠느냐?"라고 기록되어 있다. 누가는 주님께서 주시는 가장 좋은 선물이 성령이라고 이해하고 있다. 이것이 본문의 문맥과도 일치한다.

앞의 내용을 생각해보면, 말씀을 계속 거부하고 오히려 거짓을 전하는 자들에게 말씀을 계속 전할 것인가 아니면 떠나보낼 것인가를 결정하는 데는 성령과 지혜가 필요하다. 고린도전서 2:11-13에서도 성령을 받아야만 신령한 것을 분별할 수 있다고 했다. 그리고 2:15에서 성령 충만한 자 즉 영적으로 성숙한 자는 모든 것을 판단하나 자기는 아무에게도 판단을 받지 않는다고 했다.

이렇듯이 올바른 판단을 위해서는 성령과 지혜가 필요하고 이것은 기도를 통해서 얻을 수 있다. 따라서 이 본문에서 "좋은 것"이란 일차적으로 그리스도인의 형제와 이방인의 관계에 필요한 성령과 지혜와 사랑 등을 말한다. 하지만 마태가 이것을 구체적으로 규정하지 않고 하나님께서 "좋은 것"을 주실 것이라고 약속한 것을 고려할 때 좋은 것이란 하나님께서 주시는 물질이나 건강이나 직장 같은 다양한 은총에도 적용될 수 있다. 기도란 우리가 우리의 필요를 하나님께 아뢰는 것이다.

하나님께서는 반드시 우리의 기도에 응답하신다. 우리가 기도한 대로 우리에게 응답하기도 하시지만, 때로는 우리에게 우리가 구한 것이 아니라 하나님 보시기에 그보다 더 좋은 것을 주시기도 한다.

이제 마지막으로 율법의 핵심이자 기독교의 황금률이라는 마태복음 7:12을 살펴보자.

> 그러므로 무엇이든지 남에게 대접을 받고자 하는 대로 너희도 남을 대접하라 이것이 율법이요 선지자니라(마 7:12).

유대인들의 전통에는 "남에게 받기를 원치 않는 것은 너도 남에게 하지 말라"라는 금언이 있었다. 예수님의 계명은 유대인들의 부정적인 계명보다 긍정적이요 더 적극적인 명령이다. 다시 말해서 본문 말씀은 "네가 형제에게 비판을 받지 않고자 하느냐 그러면 비판하지 말라"라는 계명 이상이다. 이 말씀은 "네가 형제에게 사랑과 존경을 받고자 하느냐 그러면 너도 형제를 사랑하고 존중하라"라는 말씀이다. 이 말씀은 하나님과 우리의 관계에도 적용된다.

"네가 하나님의 아들로서 하나님으로부터 기도응답을 받고 싶으냐? 그러면 너 역시 하나님을 그렇게 섬기라."

이런 말씀이다. 그러므로 마태는 기도하라는 명령과 그 응답에 대한 약속을 언급한 후에 이 황금률을 기록하였다.

결론적으로 기독교의 황금률에는 하나님에 대한 사랑과 이웃에 대한 사랑이 담겨있다. 하나님을 마음과 뜻과 정성을 다해 사랑하고 네 이웃을 네 몸과 같이 사랑하는 것이 바로 율법의 핵심이다.

생각하기

마태복음 6:19-34에서는 우리의 재산과 일상적인 필요에 대하여 신앙인으로서 어떤 자세를 가져야 할 것인가를 다루었다. 7:1-12에서는 하나님의 나라의 백성이 다른 사람에 대해 어떤 자세를 가져야 하는가를 보여 준다.

1. 1절에서는 무엇을 명하셨는가?
   3절을 참고할 때 누구에게 그렇게 하지 말라는 것인가?

2. 2절에서 그렇게 하지 말아야 할 이유는 무엇인가?
   야고보서 4:11-12도 참고하여 생각해 보라.

3. 주님은 5절에서 다른 사람을 판단하는 사람을 무엇이라고 불렀는가?
   그리고 그들에게 무엇을 권했는가?

4. 사무엘하 12:1-4은 다윗이 우리아를 죽이고 그의 아내 밧세바를 취하고 나서 나단 선지자가 다윗을 책망하는 내용이다.
   (1) 나단 선지자의 비유는 다윗의 범죄와 어떤 관련이 있는가?
   (2) 5-6절에서 이 이야기를 들은 다윗의 반응은 어떠했는가?

5. 6절에서 말한 개와 돼지는 누구를 말하는가? (빌 3:2; 참고 벧후 2:22)

　문맥으로 볼 때 주님은 왜 갑자기 비판하지 말라고 하시면서 이 말씀을 하셨을까?

　무슨 연관이 있을까?

6. 마태복음 7:7-11에서 하나님의 명령은 무엇인가?

　또 그의 약속은 무엇인가?

　누가복음 11:13에서는 마태복음 7:11의 "좋은 것"이 무엇이라고 되어 있는가?

　*고린도전서 2:13-16을 읽어 보라.

　(1) 여기에서 신령한 것을 분별할 수 있는 사람은 어떤 사람인가?

　(2) 또 모든 것을 판단할 수 있는 자는 누구인가?

　(3) 그렇다면 다른 사람을 분별하고 판단하는 데 필요한 것은 무엇인가?

7. 12절 말씀은 기독교의 황금률이라고 말한다.

　이 말씀을 문맥에서 살펴볼 때 하나님과 사람 사이에 어떻게 적용될 수 있는가?

제10장

천국백성의 삶을 촉구(마 7:13-27)

예수 그리스도의 높은 도덕적인 요구를 실천하느냐 그렇지 않느냐에 따라 영생을 누릴 것인가 혹은 영벌을 받을 것인가가 결정된다.

구약에서 여호와께서 이스라엘을 하나님의 백성으로 삼으시고 모세를 통해서 시내 산에서 십계명과 율법을 주셨다. 이제 예수님은 새로운 이스라엘을 건설하기 위하여 제자들에게 새 계명을 주셨다. 주님은 이 계명을 지키고 순종하여 생명[1]을 얻을 것인가 아니면 불순종하여 사망에 이를 것인가를 선택하라고 촉구하신다. 주님은 이를 위하여 두 종류의 문, 두 종류의 나무, 그리고 두 종류의 건축가의 비유를 말씀하신다.

---

1 이 장에서 기록한 생명 혹은 영생이라는 말은 "구원"과 바꾸어 쓸 수 있다.

1. 두 종류의 문(7:13-14)

여기에 두 종류의 문들과 길들이 나온다. 문을 통과하여 길에 들어서는지 길을 가다가 문에 도달하는지는 잘 모른다. 하지만 좁은 문은 문이 좁고 길도 억지로 밀어야 빠져나갈 수 있을 정도로 좁다. 이 길을 찾는 사람은 적다. 왜냐하면 그 길이 어렵기 때문이다. 그런데 결국 그 길은 생명으로 인도한다. 넓은 문은 문이 크고 가는 길도 넓다. 가는 사람들도 많다. 왜냐하면 그 길이 쉽기 때문이다. 그 길을 가는 데는 아무도 반대하지 않는다. 하지만 그 길은 결국에 사망에 이르게 된다.

이 말씀은 복음을 들어보지 못한 사람이 많아서 멸망을 당하는 사람이 많다는 것이 아니다. 예수님의 말씀을 듣는 사람들 중에서 예수님을 따르는 사람이 적다는 것이다. 왜냐하면 예수님을 따르는 길은 고난과 희생과 핍박이 따르기 때문이다. 예수님은 우리를 이 좁은 길로 따라오라고 초대하신다.

> 또 무리에게 이르시되 아무든지 나를 따라오려거든 자기를 부인하고 날마다 제 십자가를 지고 나를 따를 것이니라 누구든지 제 목숨을 구원하고자 하면 잃을 것이요 누구든지 나를 위하여 제 목숨을 잃으면 구원하리라(눅 9:23-24).

누가 역시 좁은 문에 대하여 기록하였다(눅 13:22-30). 그런데 누가는 이 문이 항상 열려있지 않고 집주인이 이 문을 닫을 때가 있다고 했다. 이 문은 한 번 닫히면 결코 열리지 않을 것이다.

마태는 구약의 전통을 따라 하나님의 말씀에 대한 순종을 강조한다. 히브리어 성경은 모세오경 다음인 여호수아서를 전선지서의 시작으로 본다. 그런데 여호수아 1장은 율법을 순종하면 복을 얻는다는 말씀으로 시작한다.[2]

> 이 율법책을 네 입에서 떠나지 말게 하며 주야로 그것을 묵상하여 그 안에 기록된 대로 다 지켜 행하라 그리하면 네 길이 평탄하게 될 것이며 네가 형통하리라(수 1:8).

전선지서 다음으로 성문서의 시작이 시편인데, 시편 1편에서도 율법을 묵상하고 지키는 자를 복이 있다고 했고 의인의 길과 악인의 길에 대하여 말씀했다. 마태 역시 천국백성의 법을 기록하고 나서 우리에게 이 말씀에 순종하여 생명의 길을 갈 것인가 아니면 불순종하여 사망의 길을 갈 것인가를 선택하라고 촉구한다.

2. 두 종류의 나무(7:15-23)

예수님은 마태복음 7:15에서 거짓 선지자들을 삼가라고 말씀하셨다. 거짓 선지자들은 바리새인과 서기관들 같은 이들을 말한다. 이들은 양들 사이에 숨어들어온 늑대와 같이 매우 위험한 사람들이다. 앞서 우리

---

[2] 히브리어 성경은 율법서(모세오경), 선지서(전선지서, 후선지서) 그리고 성문서(시편-전도서)의 세 부분으로 되어 있다.

는 개들과 돼지들을 삼가라고 말씀하신 것을 보았다. 그런데 그들은 오히려 판단하기도 쉽고 그렇게 위험하지도 않다. 그러나 양으로 변장한 늑대는 양처럼 보이기 때문에 더 위험하다.

그러면 어떻게 참 선지자와 거짓 선지자를 구별할 수 있을까?

예수님은 나무의 비유를 들었다. 숨어들어온 동물을 구별하는 것은 어렵지만 나무는 속일 수가 없다. 왜냐하면 언젠가는 나무에서 열매를 보게 되어 있기 때문이다. 그러므로 열매로 보아 그 나무를 판단할 수 있다. 여기에서 열매라는 것은 그 사람의 말(즉 그 사람의 가르침)과 행동이다. 먼저 말에 대해서는 마태복음 12:33-35에 나와 있다.

> 나무도 좋고 열매도 좋다 하든지 나무도 좋지 않고 열매도 좋지 않다 하든지 하라 그 열매로 나무를 아느니라 독사의 자식들아 너희는 악하니 어떻게 선한 말을 할 수 있느냐 이는 마음에 가득한 것을 입으로 말함이라 선한 사람은 그 쌓은 선에서 선한 것을 내고 악한 사람은 그 쌓은 악에서 악한 것을 내느니라(마 12:33-35).

따라서 우리는 그 사람이 가르치는 내용을 통해서 그가 참 선지자인지 거짓 선지자인지를 구별할 수 있다. 또한 그러한 분별력을 갖기 위해서는 무엇이 바른 교리인지 잘 배워서 알아야 한다.

다음으로 행동에 관해서는 갈라디아서 5:18-23에 나와 있다. 18절은 "너희가 만일 성령의 인도하시는 바가 되면 율법 아래 있지 아니하리라"고 말한다. 이 말씀은 성령의 능력이 우리로 하여금 하나님의 말씀을 힘들지 않고 지킬 수 있도록 도와주신다는 것이다.

19-21절에서는 육신의 행동들에 대해서 말하고 있다. 육신의 행동들이란 그리스도를 믿기 이전, 변화받지 못한 때에 하는 행동들을 말한다. 반면에 성령의 열매는 성령께서 예수님을 영접한 사람들에게 역사하셔서 행하게 하시는 것을 말한다. 그것은 사랑, 기쁨, 평화, 오래 참음, 자비, 선함, 신실함, 온유와 절제이다(갈 5:22-23).

한편 원어에서는 육체의 일들은 복수로 기록된 반면 성령이 만들어 내시는 열매는 단수로 기록되어 있다. 이것은 여기에 나와 있는 성령의 열매들이 사과, 배, 포도 등과 같이 서로 다른 열매가 아니라 사과와 같은 한 열매에 이 모든 것이 포함되어야 할 것을 말한 것이라는 의미다. 아마도 성령의 열매는 오직 하나 사랑이고 그 외의 기쁨과 평화 등의 나머지 성품들은 이 사랑에 모두 포함되었을 것이다.[3] 위에서 보는 것처럼 바른 교리와 경건한 삶이 참 선지자의 표지이다. 그 사람이 아무리 바른 교리를 말한다 할지라도 그 사람의 삶이 경건하지 못하면 그는 거짓 선지자이다.

예수님은 마태복음 7:21-23에서 계속해서 사람이 말하는 것과 행하는 것의 차이점에 대해서 말씀하신다. 7:21의 "주여, 주여"라는 표현은 예수님 당시에는 이스라엘 사람들이 선생님에게 말하는 존경의 표시로 사용했을 수 있다. 하지만 오늘날은 많은 사람들이 예수님을 세상의 주인으로서 "주여"라고 고백한다. 존경의 표시로든 실제로 그렇게 생각하든, 말로 예수님을 주로 고백하는 것이 문제가 아니라 그의 말씀을 행

---

[3] New English Translation의 노트에서 이러한 가능성을 제시하는 이유로 원어에 "사랑" 다음에 "콜론"(:)이 되어 있고 그 외의 성품들은 "콤마(,)"로 연결되어 있기 때문이다.

동으로 옮기는 것이 중요하다. 마태복음 15:7-10에서 예수님은 이사야 29:13의 말씀을 인용하여 바리새인들을 책망하셨다.

> 이 백성이 입으로는 나를 가까이 하며 입술로는 나를 공경하나 그들의 마음은 내게서 멀리 떠났나니 그들이 나를 경외함은 사람의 계명으로 가르침을 받았을 뿐이라(사 29:13).

예수님은 22절에서 자신이 심판주가 되실 것을 밝히 말씀하셨다. 여기에서 "그날"이란 마지막 심판의 날을 말한다. 그때에 많은 사람들이 예수님께 "주여, 주여"라고 말한다는 것이다. 여기에서의 "주여, 주여"는 심판의 주인이라는 말이다. 심판의 주되신 예수님께 자신들의 정당성을 주장한 사람들은 "예수님의 이름으로 예언하고, 예수님의 이름으로 귀신을 쫓아내며, 예수님의 이름으로 권능을 행했다"(22절)고 하였다. 이 모든 것은 성령이 주시는 은사들이다. 성경에서 예언은 반드시 미래를 예견하는 것을 말하지 않는다. 과거에 주신 하나님의 말씀을 오늘의 시대에 적용하여 선포하는 것도 예언에 속한다. 과거에 선지자들이 하나님의 말씀을 그렇게 전했고 오늘날 목사들이 이렇게 한다. 그러므로 이 말씀은 목사라도 천국에 들어갈 수 없다는 것이다.

그러면 어떻게 천국의 백성이 아닌 사람이 예언하고 귀신도 쫓아내고 기적을 행할 수 있는가?

첫째, 이 모든 것이 그들 자신의 능력으로 행한 것이 아니라 예수님의 이름으로 행하였다는 것이다. 예수님의 이름 자체가 능력이 있어 사탄의 세력이 잠시 물러갈 수 있다.

둘째, 성경에서 멸망을 당한 사람들 중에 일시적으로 성령의 은사를 체험한 사람들이 있었다. 예수님은 70인의 제자들을 두 명씩 짝을 이루어 보내시며 귀신을 쫓아내는 권세를 주셨다. 그들이 전도여행을 마치고 예수님께 돌아와 "주여, 주의 이름으로 귀신들도 우리에게 항복하더이다"(눅 10:17)라고 보고하였다. 이 칠십 인 가운데는 예수님을 판 가룟 유다 같은 사람들도 있었기 때문에 예수님은 "귀신들이 너희에게 항복하는 것으로 기뻐하지 말고 너희 이름이 하늘에 기록 된 것으로 기뻐하라"(눅 10:20)고 하셨다.

예수님을 진정으로 따르는 것이 없이 성령의 은사에 참여하는 것만으로는 예수님께 인정을 받지 못한다. 예수님은 그들에게 "불법을 행하는 자들아 내게서 떠나가라"고 말씀하셨다. 그들의 성품이 악하고 의도가 불순하기 때문에 그들이 한 일도 인정받지 못했다.

세상에서 아무리 유명한 목사라고 해도 예수님이 그를 알지 못하면 무슨 소용이 있는가?

그러나 이 세상에서 아무도 알아주지 않는다고 해도 예수님이 그를 알아주면 얼마나 영광스러운가?

그러므로 말로만 "주여, 주여" 할 것이 아니라 내 삶의 모든 부분에서 예수님을 주인으로 인정하고 따라야 한다.

마태복음 25:1-13에는 신랑을 맞이하러 나간 열 처녀에 대한 이야기가 나온다. 다섯 처녀는 지혜로워 등에 기름을 준비하고 있었고 다섯은 미련하여 기름을 준비하지 못하였다. 신랑이 늦게 오자 열 처녀 모두가 잠을 자고 있었다고 했다. 이 말씀은 믿는 자나 믿지 않는 자나 아무도 생각하지 못한 때에 예수님이 다시 오신다는 말이다. 그런데 문제는 기름을 준비한 다섯 처녀만이 잔치에 들어가고 기름을 준비 못한 다섯 처녀는 들어가지 못했다는 것이다. 이들은 문이 닫힌 후에 "주여, 주여" 하고 간절히 문을 열어주기를 구했다. 그런데 신랑은 그들에게 "내가 너희를 알지 못한다"고 했다.

그러면 우리가 천국에 들어가기 위해서 준비해야 할 기름이 무엇인가?

어떤 사람들은 이 기름이 "성령"이라고 말하는 사람들이 있다. 이렇게 비유의 내용 중에 "기름"은 무엇을 의미하고 "등"은 무엇을 의미한다는 식으로 해석하는 것이 알레고리적인 해석 방법이다. 이것은 바람직한 해석 방법이 아니며 우리는 비유 전체가 무엇을 의미하는가에 유의해야 한다.

이 열 처녀의 비유를 마태복음 7장의 말씀과 비교해 볼 때 종말이 불시에 다가올 수 있으니 허랑방탕하게 지낼 것이 아니라 도덕적으로 깨어있어 종말에 대비하라는 것이다. 기름을 준비하지 못한 처녀들은 예수님을 주로 고백하지만 말씀을 행하지 않는 사람들과 같다. 그들은 말씀을 실천하지 않으면서 믿음이 있으니 구원을 받았다고 착각한 사람들이다.

과거에 이스라엘 사람들은 하나님의 말씀을 지키지도 않고 우상도 섬기면서 자신들은 멸망하지 않을 것이라는 착각 가운데 살았다. 더구나 그들은 예루살렘 성전은 하나님이 거하시는 곳이기에 이방인들이 결코 정복할 수 없을 것이라는 거짓 믿음을 갖고 있었다. 그들의 기대와는 달리 성전은 파괴되었고 그들은 죽임을 당하거나 사로잡혀서 이방인의 땅으로 추방을 당했다.

우리 역시 동일한 거짓 믿음에 사로잡힐 수 있다. 물론 우리에게 구원의 확신은 있어야 한다. 하지만 그 구원의 확신이 올바른 것인지 아니면 거짓된 것인지는 현재 우리가 경건한 삶을 살고 있느냐 아니면 그렇지 못하고 있느냐에 달려 있다. 영생을 소유한 그리스도인들은 아버지의 온전하신 모습으로 날마다 성장하게 되어 있다. 반면에 우리가 스스로를 다스리지 못할 정도로 죄악에서 빠져 헤매고 있다면 우리는 도대체 어디에까지 떨어질 것인가를 고민해 보아야 한다.

요컨대 예수님은 여기서 열매 있는 나무와 열매 없는 나무 두 종류를 말하고 있다. 열매 있는 나무는 예수님의 말씀을 행하는 자이다. 주님을 말로만 따른다고 해서는 심판대에서 주님의 인정을 받을 수 없다. 오직 말씀을 행하는 자만이 주님의 인정을 받는다.

3. 두 종류의 건축자(7:24-27)

위의 말씀(마 7:21-23)이 말하는 것과 행하는 것의 차이에 대한 것이라면 여기는(마 7:24-27) 말씀을 듣는 것과 행하는 것의 차이에 대한 것이다. 본문에는 지혜로운 건축자와 어리석은 건축자가 나온다. 지혜로운 건축자는 그 집의 기초를 반석 위에 세운 사람이라고 했다. 그는 말씀을 듣고 행하는 사람이다. 어리석은 건축자는 그 집의 기초를 모래 위에 세운 사람이라고 했다. 그는 말씀을 듣기만 하고 행하지 않는 사람이다.

두 사람이 지은 집은 밖에서 보기엔 아무런 차이가 없다. 비슷한 모양의 정원에 비슷한 모양의 지붕과 비슷한 모양의 문과 창문이 있다. 하지만 이 집들의 차이는 비가 내리고 홍수가 날 때에 비로소 분명하게 드러난다. 마찬가지로 주일마다 교회에 다니는 신자들은 겉으로는 아무런 차이가 없이 보인다. 그러나 차이는 하나님의 심판대에 섰을 때 나타나게 된다. 말씀을 듣고 실천하는 참 신자는 하나님 편에 견고하게 서고 거짓 신자는 불에 던져질 것이다.

그렇다면 나는 과연 어떤 건축가인가?

야고보서 저자는 사람이 거울을 보고 자신의 모습이 잘못된 것을 보았으면 그것을 고쳐야 하는 것처럼 말씀에서 자신의 잘못을 깨달았으면 그것을 고쳐야 한다고 하였다(약 1:22-25). 그는 또한 영혼 없는 몸이 죽은 것처럼 행함 없는 믿음은 죽은 믿음이라고 말했다(약 2:26). 우리 모두가 구원에 이르는 믿음을 가질 수 있기를 소망한다.

생각하기

1. 마태복음 7:13-14을 읽고 다음을 생각해 보라.

    (1) 본문에서는 두 종류의 삶에 대하여 어떻게 기술하고 있는가?

    그 삶의 결과는 각각 어떠한가?

    (2) 왜 많은 사람들이 넓은 길로 가서 큰 문으로 들어간다고 생각하는가?

    * 시편 1편을 읽어 보라.

        ① 여기에서 두 종류의 삶은 어떻게 기술되어 있는가?

        ② 그들의 삶의 결과는 어떠할 것인가?

    * 시편 2편을 읽어 보라.

        ① 여기에서도 두 종류의 삶을 발견할 수 있는가?

        ② 그들의 삶의 결과는 어떠할 것인가?

2. 마태복음 7:15-18에서는 두 종류의 삶을 어떻게 비유하였는가?
무엇으로 이 두 종류의 사람들을 구별할 수 있는가?

    (1) 갈라디아서 5:19-23에는 육신의 열매들과 성령의 열매가 나와 있다.

        ① 여기에서 육신의 열매들은 무엇인가?

        ② 그리고 이런 열매를 맺는 자들의 결과는 어떠한가?

        ③ 반면에 성령의 열매는 무엇인가?

(2) 또 갈라디아서 5:17-18에서 어떻게 하면 육신의 욕심에서 벗어나 성령의 열매를 맺을 수 있다고 했는가?

(3) 주님은 마태복음 12:33-36에서 거짓 선지자들을 구별하는 또 다른 방법을 제시하고 있다.
그것은 무엇인가?

제11장

예수님의 권위(마 7:28-29)

예수님은 이 산상수훈을 제자들을 향하여 선포하셨다. 그런데 마태복음 7:28에 보면 무리들 역시 예수님의 가르침을 들었다. 다시 말해서 이 산상수훈은 모든 사람들이 듣고 실천해야 할 말씀이라는 것이다. 이 무리들은 예수님의 가르침에 놀랐다. 그의 가르침에는 권세가 있었기 때문이다(29절). 당시의 서기관들은 모세나 전통의 권위를 가지고 백성들을 가르쳤다. 그러나 예수님은 "율법과 너희의 전통이 이렇게 말하는 것을 들었으나 나는 너희에게 이렇게 말한다"라고 말씀하셨다.

예수님은 이처럼 자신의 독특한 권위로 말씀하셨다. 예수님은 당시의 서기관에 비하여 권위가 큰 것 이상이었다. 그는 모세나 율법보다 더 권위가 있었다. 우리는 이 말씀 앞에서 과연 예수님이 누구인가 하는 문제에 직면한다. 예수님을 단순히 성인들 중의 하나나 훌륭한 도덕 선생님이라고 생각할 수가 없다.

과연 예수님이 누구이신데 구약성경보다 더 높은 권위로 말씀하셨는가?

과연 예수가 누구이신데 내 말대로 행하는 자라야 천국에 들어가게 하겠다고 하셨는가?

예수님은 자신이 하나님의 나라의 입법자이자, 심판자라고 주장하신 것이다. 이 말은 다시 말하면 그가 창조주가 되시고 구원자가 되시는 하나님이시라는 것이다. 그러므로 산상수훈은 우리에게 "과연 예수님은 나에게 누구인가" 하는 과제를 남긴다.

'나의 모든 것을 버리고 예수님을 따를 수 있는가?'

본 훼퍼는 예수님의 은혜가 값진 것은 그 은혜가 우리로 하여금 우리의 모든 것을 다 버리고 주를 따를 수 있게 하기 때문이라고 했다. 디도서 2:12-14도 이렇게 교훈하고 있다.

> (하나님의 은혜가) 우리를 양육하시되 경건하지 않은 것과 이 세상 정욕을 다 버리고 신중함과 의로움과 경건함으로 이 세상에 살고 복스러운 소망과 우리의 크신 하나님 구주 예수 그리스도의 영광이 나타나심을 기다리게 하셨으니 그가 우리를 대신하여 자신을 주심은 모든 불법에서 우리를 속량하시고 우리를 깨끗하게 하사 선한 일을 열심히 하는 자기 백성이 되게 하려 하심이라(딛 2:12-14).

이 책을 읽는 모든 이들에게 하나님의 은혜와 성령의 능력이 함께하여 자신을 버리고 예수님을 따르는 삶을 살게 되기를 소망한다. 이것이 우리가 구원을 완성하는 길이며 이 땅에서 하늘의 기쁨과 평안을 맛볼 수 있는 방법이다.

생각하기

1. 산상수훈의 말씀은 특정한 제자들만 들어야 하는가 아니면 모든 신자들이 순종해야 하는가?

2. 예수님이 산상수훈에서 어떤 권위로 말씀하셨는가?
   그리고 이 사실이 내가 예수님의 말씀을 대하는 데 있어서 어떤 영향을 미치는가?

3. 창세기 12:1-4에서 아브라함은 하나님의 말씀을 따르기 전에 어디를 떠나야 했는가?
   마태복음 4:18-22에서 예수님의 제자들은 주님을 따르기 전에 무엇을 버렸는가?
   내가 예수님을 따르기 전에 버려야 할 것이 있다면 무엇이 있겠는가?

산상수훈 강해: 나를 따르라
the Exposition of the Sermon on the Mount: Follow me

2018년 1월 20일 초판 발행

지 은 이 | 최석

편　　 집 | 정희연, 곽진수
디 자 인 | 김스안
펴 낸 곳 | 사)기독교문서선교회
등　　 록 | 제16-25호(1980. 1. 18)
주　　 소 | 서울시 서초구 방배로 68
전　　 화 | 02) 586-8761~3(본사)　031) 942-8761(영업부)
팩　　 스 | 02) 523-0131(본사)　031) 942-8763(영업부)
홈페이지 | www.clcbook.com
이 메 일 | clckor@gmail.com
온 라 인 | 기업은행 073-000308-04-020, 국민은행 043-01-0379-646
　　　　　 예금주: 사)기독교문서선교회

ISBN 978-89-341-1752-0 (03230)

* 낙장 · 파본은 교환해 드립니다.

이 도서의 국립중앙도서관 출판시 도서목록(CIP)은 서지정보유통지원시스템 홈페이지(http://seoji.nl.go.kr)와
국가자료공동목록시스템(http://www.nl.go.kr/kolisnet)에서 이용하실 수 있습니다.
(CIP제어번호: CIP2017033361)